시와 마음 읽기

윤지영 지음

신아사

윤지영

동의대학교 국어국문 · 문예창작학과 부교수
한국 현대시 강독 및 시론, 글쓰기, 영화와 문학 관련 강의를 주로 하고 있음.

시집『물고기의 방』,『굴광성 그 여자』
평론집『서정과 환상』, 연구서『한국 현대시의 주체와 담론』등

시와 마음 읽기

초판 1쇄 발행 _ 2017년 2월 28일
1판 2쇄 발행 _ 2024년 8월 28일

저　　자 · 윤 지 영
발 행 인 · 정 현 걸
발　　행 · 신 아 사
인　　쇄 · 삼일문화
출판등록 · 1956년 1월 5일 (제9-52호)
주　　소 · 서울시 은평구 통일로 59길 4 (2F)
전　　화 · 02)382-6411 · 팩스 02)382-6401
홈페이지 · www.shinasa.co.kr
E-MAIL · shinasa@daum.net

ISBN 978-89-8396-973-6 (93810)

정가 11,000원

프라임 동의 인문교양 총서

이 저서는 교육부의 산업연계교육활성화선도대학(PRIME)사업 사업비를 지원받아 집필한 저서임

들어가는 말

시를 꼭 읽어야 할까요? 시를 읽으면 뭐가 좋을까요? 좋은 점이 있기는 할까요? 좋은 게 있으니까 학교에서 가르치는 거 같기는 한데, 그게 뭘까요?

솔직히 이야기하자면 시를 꼭 읽어야 하는 건 아닙니다. 시를 읽지 않아도 먹고 사는 데 지장이 없다는 식의 괴팍한 말이 아닙니다. 시를 읽어야만 채워지는 무언가, 그러니까 시만이 할 수 있는 무언가가 있다고는 생각하지 않는다는 말입니다.

시를 통해 얻을 수 있다고 얘기되는 것 가운데 많은 것들이 다른 방식으로도 채워질 수도 있습니다. 따뜻한 감성은 아름다운 음악을 들어도 얻을 수 있고, 풍부한 상상력은 만화를 통해서도 기를 수 있습니다. 인간에 대한 이해는, 부작용의 위험이 있긴 하지만 연애 한 번만 진하게 하면 깊고 넓어질 수 있습니다. 위로를 받고 싶다면 강아지를 키우는 게 더 효과적이고, 삶의 의미를 찾고 싶다면 차라리 여행을 떠나길 권하겠습니다.

언어의 미묘한 맛을 느끼고 싶다고요? 이것은 앞서 열거한 것들과는 달리 시의 고유한 특징, 시만이 할 수 있는 독자적인 역할이라고 흔히 이야기합니다만, 사전만 제대로 읽어도 언어의 감칠맛을 느낄 수 있습니다. 영혼의 고양이나 영원한 것과의 조우도 마찬가지입니다. 이 신비로운 경험은 본래 종교의 역할이라고 여겨졌던 것인데, 그러다가 종교의 힘이 약해지면서 시에게 위임된 것입니다. 그러니 스탠드 글라스로 햇살이 비쳐드는 성당이나 풍경 소리 들리는 산사에 앉아 조용히 묵상을 한다면 우주의 조화와 통일된 존재로서의 안정감을 느낄 수도 있을 겁니다. 요컨대, 시를 꼭 읽어야 할 이유 따위는 존재하지 않는다는 말씀입니다.

하지만 역설적이게도 이 모든 사실들은 시의 가치를 말해주는 것이기도 합니다. 그러니까 시만이 감수성과 상상력, 통찰과 직관, 아름다움과 신성함, 언어에 대한 민감성 등을 경험하게 하는 것은 아니지만 시를 읽으면 이러한 것들을 얻을 수 있다는 말이 됩니다. 심지어 시는 이 모든 것을 동시에 가능하게 한다는 말이 됩니다. 그러니 시를 읽지 않을 이유도 없습니다.

이 책은 그 중에서도 시의 실용성에 집중하려고 합니다. 그것은 바로 마음을 이해하는 한 방법으로서 시를 읽는 것입니다. 시에 대한 여러 가지 정의가 있겠지만 가장 기본적으로 시는 사람의 마음을 표현하는 겁니다. 그리고 우리는 무엇보다도 마음과 관련해서 어려움을 겪곤 합니다. 따라서 이 책에서는 시가 무엇인지, 다른 사람들은 시를 왜 읽는지, 시를 어떻게 읽는지 등을 살펴보면서 사람의 마음을 잘 이해하고 전달하는 방법이 있나 함께 고민해보려고 합니다.

먹고 사는 일을 제외하고 우리가 가장 많이 힘들어 하는 것이 마음의 문제라는 점에는 대부분 동의하실 겁니다. 다른 사람의 마음을 이해하지 못해서, 또 내 마음을 이해하지 못해서 우리는 혼란과 고통을 겪지요. 언어가 훌륭한 소통의 수단이기는 하지만 마음을 표현하고 전달하는 일에 있어서는 그다지 만족스럽지 못합니다. 아무리 대화를 해도 대화는 언제나 미끄러지고 오해만 깊어갑니다. 나의 진심을 표현한다고 했는데 상대방은 내 진심을 몰라주고, 나 또한 상대방의 말에서 진심을 읽어내기가 어렵습니다.

시인들은 누구보다 이런 문제에 대해 깊이 고민하는 사람들입니다. 누구보다 자신의 마음을 깊이 들여다보고 또 세상을 들여다보려고 애씁니다. 그리고 그것을 언어로 어떻게 표현할 것인가 연구합니다. 그렇다고 그들이 다른 사람의 마음을 특별히 잘 이해한다거나 소통에 문제가 없다는 건 아닙니다. 그들도 실제 삶에 있어서는 우리들만큼, 혹은 우리들보다 더 서툴고 때로는 무지하기까지 합니다. 하지만 그들의 인격이나 삶이 어떻든, 적어도 그들이 온 존재를 다해 건져 올린 시만큼은 우리의 마음을 들여다보는 데 좋은 거울이 됩니다.

진리에 가까이 다가가려는 모든 지식이 그러하듯, 시 또한 우리의 삶과 아주 깊이 연관되어 있습니다. 단순히 종이 위에 인쇄된 문자 이상의 것이지요. 철학과 더불어 비실용적인 학문의 선두주자로 이름을 날리는 처지가 되어버렸지만, 철학이나 시를 포함한 문학은 살면서 부딪히는 아주 실제적인 질문들과 그에 대한 답을 찾는 과정의 산물입니다. 어떻게 살아야 하는가, 왜 살아야 하며 무엇이 중요한가와 같은 문제들이 그 예입니다.

이러한 질문들은 결코 공허하고 추상적인 것이 아닙니다. 이것은 매순간 무엇을 어떻게 이해하고 판단하고 또 선택해야 하는가를 결정하는 데 필요한 아주 실제적인 기준이 되니까요. 그런 점에서 어떻게 하면 부자가 될 것인가, 어떻게 하면 조직에서 인정받을 것인가, 어떻게 하면 연애를 잘 할 수 있는가를 다루는 자기계발서와 비슷한 문제를 다룹니다.

다른 점이 있다면 이러한 자기계발서는 문제를 다룰 때 '나'를 고려하지 않는다는 겁니다. 우리 각자의 고유함, 우리가 처한 상황의 특수함 같은 것들을 전혀 고려하지 않습니다. 그렇기 때문에 답은 간

결하고 명료할 수밖에 없습니다. 그래서 그런 책을 읽으면 마치 모든 문제가 단번에 해결될 것 같은 기분이 들죠. 읽는 것만으로도 기분이 좋아지는 것은 그 때문입니다. 책의 내용대로만 하면 승진도 빨리 할 것 같고, 대화의 달인도 될 수 있고, 연애도 잘 할 수 있을 것 같은 자신감이 생깁니다. 하지만 막상 책에서 알려준 대로 실행하려고 하면 어디서부터 어떻게 시작해야 할지 막막한 느낌이 듭니다. 그 책에서 하고 있는 이야기가 나의 상황과는 너무 동떨어져 보입니다. 그건 그저 느낌이 아닙니다. 실제로 자기계발서들이 알려주는 답은 너무나 일반적이고 너무나 획일적입니다.

하긴, 어디 자기계발서만 그럴까요. 어떤 글도 우리 개개인의 특수성을 다 담아낼 수는 없습니다. 시나 소설 같은 문학도 마찬가지입니다. 생각해보세요. 우리 인간은 얼마나 제각각인지요. 때문에 어떤 한 가지 원리나 규칙으로는 우리 인간을 설명할 수 없습니다. 게다가 인간은 저마다 다 다르기만 한 게 아니라 복잡하고 모순투성이이기까지 합니다. 조금만 진지하게 생각해본 분이라면 자기 자신에게서도 이러한 모순을 발견하고 당황한 적이 있을 겁니다.

그래도 시나 소설은 자기계발서와 달리 바로 이런 개별성과 독자성에 집중합니다. 그 개별성과 독자성을 부정하거나 억압하려고 들지 않습니다. 뿐만 아니라 그 개별적이고 독자적인 개인들의 모순과 복잡성을 무시하지도 않습니다. 오히려 그러한 측면에 더 관심을 갖고 파고 들어갑니다. 그 제각각의 특성이 바로 우리 자신을 다른 사람과 구별해주며 우리를 우리 자신이게 해주는 조건이라고 믿기 때문입니다. 똑같이 삶에 대한 실용적인 질문을 다루는 자기계발서와 문학의 중대한 차이가 바로 이것입니다. 그리고 더욱 놀라운 것은 이렇게 개별적이고 특수한 인간, 내가 아닌 다른 인간에 대해 이야기하는 데도 그 이야기가 마치 우리 자신의 이야기인 것처럼 여겨지게 만드는 힘을 갖고 있다는 겁니다.

그러나 그런 시나 소설도 제대로 읽지 않으면 소용이 없습니다. 우리와 연결짓지 못한다면 그건 활자들의 집합, 죽은 지식에 불과합니다. 작품과 우리 자신과의 연결고리는 작품이 얼마나 훌륭한가 하는 문제와 완전히 무관하다고 볼 수는 없지만, 그보다는 작품을 읽는 우리의 태도와 더 직접적으로 연관됩니다. 아무리 좋은 작품이라도 우리 자신을 연결짓지 못할 수 있습니다. 우리가 이제까지 학교에서 배운 작품들을 떠올려보면 쉽게 이해될 문제입니다. 최고의 전문가들이 고심 끝에 엄선한 작품들이지만, 우리 중 몇몇을 빼놓고는 시나 소설에서 우리 자신을 만나지 못합니다.

이런 종류의 책이 흔히 그러하듯, 이 책도 왜 시를 읽어야 하는가 하는 지루하고 뻔한 질문으로 시작할 것입니다. 말하자면 사람들은 어떤 이유에서 시를 읽고 쓰는가를 먼저 살펴볼 것입니다. 이해를 돕기 위해 이 책은 시를 쓰고 싶어 하는 인물이 등장하는 영화나 소설에서 사례를 가져왔습니다. <일 포스티노>의 마리오, <베를린 천사의 시>의 천사 다니엘, <죽은 시인의 사회>의 키팅 선생, <시>의 미자 할머니, 그리고 <토니오 크뢰거>의 토니오가 이 책의 주인공이자 우리의 분신입니다. 이들이 시에 입문하고 시에 빠져드는 과정을 살펴보는 것은 시에 관심은 있으나 주저하는 분들에게 특히 도움이 될 것입니다. 그러니 이 책을 읽기 전에 이 영화들과 소설을 보기를 권합니다.

왜 시를 읽고 쓰는가에 대한 이해가 끝나면 본격적으로 마음을 읽는 방법으로서 시를 읽는 방법에 대해 알아볼 것입니다. 이 방법은 시를 일종의 대화로 보는 것을 전제합니다. 즉, 발신자가 자신의 심정을 수신자에게 전달하고 싶어서 하는 말로 시를 이해하는 것입니다. 그렇지만 이때의 발신자를 시인으로, 수신자를 독자로 한정지을 수 없다는 사실도 마음 읽기로서 시를 읽기 위해 이해해야 할 중요한 점입니다.

이러한 설명이 암기해야 할 지식에 그치지 않도록 하기 위해 실제 작품을 읽어가면서 시 읽기로서의 마음 읽기를 연습할 것입니다. 우리에게 익숙한 윤동주의 <자화상>을 함께 읽을 것인데, 이는 단지 하나의 예시에 불과합니다. 이러한 방법을 모델로 삼아 여러분 스스로 다양한 시를 읽어본다면 시 읽는 맛도 알게 되고 마음을 들여다보는 일도 익히게 될 것입니다.

한 가지 덧붙이자면, 이 책을 읽었다고 해서 단번에 사람의 마음을 잘 이해하게 되리라고는 기대하지 마시길 바랍니다. 앞에서 이 책을 자기계발서에 빗대어 이야기했지만, 사실을 이야기하자면, 이 책은 불가능과 실패에 관한 이야기가 될 것이기 때문입니다. 그리하여 다른 사람의 마음을 이해하는 일의 불가능, 나의 마음을 이해하는 일의 불가능, 그리고 소통의 불가능을 확인하는 게 이 책의 목적이라면 목적이 되겠네요.

그러나, 그럼에도 불구하고 가능한 것은 있습니다. 마음을 이해하려는 시도와 마음을 나누려는 시도를 포기하지 않는 것, 그것이 유일하게 가능한 일입니다. 읽을 때마다 다른 마음을 전하는 시, 읽는 사람마다 다른 이야기를 들려주는 시, 그래서 답답하기도 하지만 그래서 다시 시도하게 만드는 시 읽기는 마음 읽기와 꼭 닮았습니다. 그런 시 읽기의 방법을 이야기하는 이 책이 모든 실패에도 불구하고 마음 읽기를 거듭 시작하는 성공-마음 읽기의 성공이 아니라는 점이 중요합니다-의 맛을 알게 하는 길잡이가 되기를 바랍니다.

목차

1

사람들은 왜 시를 쓰고 읽는가

시인이 가장 많은 나라?

사람들은 도대체 시를 왜 읽고 쓸까요? 요즘 같은 시대에 시를 읽고 쓰는 사람이 있을까요? 흥미진진한 소설을 읽는 사람도 드문데 말이죠. 고백하자면 시를 쓰기도 하고 연구도 하고 가르치기도 하는 저도 시를 아주 즐겨 읽는 것은 아닙니다. 더 솔직히 말해 시집보다는 소설책에 먼저 손이 가요.

시집을 읽는 일은 소설책을 읽는 일과 질적으로 다른 것 같습니다. 소설책은 한 번 붙잡으면 시간 가는 줄 모르고, 어떤 때는 밤을 새며 읽기도 하지요. 하지만 시집은 그보다 훨씬 얇고 글자 수도 적은데 시집을 읽느라 밤을 샌 적은 한 번도 없습니다. 아무리 집중해도 한 번에 10쪽 이상은 읽기 힘들더라고요. 이상하다 싶게 책장이 잘 넘어가는 날도 있죠. 하지만 정신을 차리고 보면 대개는 무엇을 읽었는지 기억이 나지 않습니다.

그런데 그거 아세요? 우리나라가 세계에서 시인이 가장 많은 나라라는 말이 있습니다. 그게 사실인지 아닌지 잘 모르겠지만, 중요한 건 시를 쓰고 싶어 하는 사람이 많다는 사실입니다. 5만 명이 넘는다는 이야기도 있습니다. 참 신기한 일이죠. 이렇게 작은 나라에서 왜 그렇게 많은 사람들이 시를 쓰고 싶어 하는 걸까요? 어떤 사람들이, 또 어떤 마음으로 시를 쓰고 싶어 하는 걸까요?

이창동 감독의 영화 <시>에서 주인공을 맡은 미자 할머니만 해도 그렇습니다. 미자 할머니는 기초생활 수급자입니다. 게다가 이혼한

딸이 맡기고 간 외손주 뒷바라지까지 하느라 파출부 일도 해야 합니다. 결코 여유있는 생활은 아닐 거예요. 그런 그녀가 시를 쓰고 싶어 합니다. 마침 시 창작 특강을 한다는 문화원 홍보물을 보고 수강 신청을 해요. 모두들 묻습니다. "할머니는 왜 시를 배우려고 하세요?" 미자 할머니 왈, "그러게요. 내가 시를 왜 배울까요."

사람들이 시를 쓰고 싶어하는 데는 여러 가지 이유가 있을 겁니다. 가장 단순하게 생각하면 표현하고 싶은 욕구가 많기 때문이 아닐까 싶습니다. 시를 써서 돈을 버는 것도 아니고, 유명해지는 것도 아니지만, 그저 말하지 않고는 못 배기는 뭔가를 저마다 갖고 있는 거죠.

이런 말도 있잖아요. "내가 살아온 걸 소설로 쓰면 대하소설 10권은 된다." 주로 연세 지긋한 분들이 하시는 말씀이죠. 생각하는 것만으로도 고통스러워서 지난 세월은 떠올리고 싶지 않다는 분도 계시지만 어떻게 살아왔는지, 얼마나 기가 막힌 일들을 많이 겪었는지, 그 일을 어떻게 견뎌왔는지 이야기하고 싶어 하는 분도 계시죠. 하지만 말이 그렇지, 어디 소설을 쓰는 게 그리 쉽나요? 일단 분량이 만만치 않습니다. 게다가 소설이라면 인물도 여럿 등장해야 하고, 그들 간에 갈등 관계도 만들어야 하고 클라이맥스니 플롯이니 하는 이야기의 짜임새도 그럴 듯하게 만들어야 하는데, 그게 쉽지는 않죠.

시가 소설보다 쓰기 쉽다는 말은 아닙니다. 짧으면 짧은 대로, 아니 짧기 때문에 더 쓰기 어려울 수도 있습니다. 그래도 짧다는 건 아무래도 '한 번 도전해볼까' 하는 마음을 들게 하는 건 사실인 것 같습니다. 아닌 게 아니라 미자 할머니의 시 창작 교실에는 한 20여명에 달하는 수강생이 시를 배우겠다고 찾아옵니다. 영화의 배경이 지방의 소도시인 것을 생각하면 결코 작은 숫자가 아니죠.

이분들은 무엇을 표현하고 싶어 하는 걸까요? 우리가 자주 사용하는 '표현하다'라는 말의 뜻부터 생각해봅시다. '슬픔을 표현한다'거나 '이 작품은 자연의 아름다움을 잘 표현했다'처럼 일상에서는 별다른 구분 없이 사용하고 있지만, 사실 이 단어는 꽤나 특별한 의미를 갖고 있습니다. '표현'에 해당하는 영어 단어 'expression'의 어원을 보면 알 수 있습니다. 'expression'은 '짜내다'라는 뜻의 라틴어 동사 'exprimo'의 명사형 'expressio'을 어원으로 갖는다고 하는데, 'ex'는 '밖으로', 'pressio'는 '눌러서 밀어내다'라는 뜻이라고 합니다. 그러니까 'expression'은 안에 있는 것을 밖으로 밀어낸다는 뜻이 되겠네요.

그렇다면 우리 안에는 '표현'할 게 뭐가 있을까요? 감정은 우리 안에 있는 대표적인 것입니다. 따라서 '표현'이라는 단어는 엄밀히 말해 '감정을 표현한다'고 할 때 사용해야 하는 거죠. 뒷산의 풍경을 묘사하거나 주말에 도서관에 갔다가 겪었던 해프닝을 설명할 때는 '표현한다'는 단어가 적절하지 않습니다. 어떤 사물의 외양이나 사건은 우리 외부에 있으니까요.

이런 경우에 사용할 수 있는 단어는 '모방(mimesis)' 혹은 '재현(representation)'입니다. 이 단어도 라틴어 어원을 따져보면 의미가 보다 선명해지는데 'repraesentatio', 즉 '다시(re) 현전하게 하는 것(praesentatio)'이라는 뜻을 갖는다고 합니다. 그러니까 지금 눈앞에 없지만 그것을 마치 눈앞에 있는 것처럼 생생하게 나타낸다는 뜻이 되겠네요. 재현의 대상은 구체적인 사물이나 사건일 수도 있습니다. 진리나 이데아 같이 변하지 않는 본질적 것이 있다고 믿는 사람들은 이 또한 재현하고자 했습니다. 정리하자면 재현은 우리의 외부에 있는 것을 우리의 내부로 가져오는 것을, 표현은 우리의 내부로부터 출발하여 외부로 내놓는 것을 의미한다고 할 수 있습니다.

그렇다면 미자 할머니네 시창작 교실에 오신 분들 중에는 표현을 하고 싶은 분도 계시고 재현을 하고 싶은 분도 계실 겁니다. 어떤 분은 자신이 겪은 일들의 전후 사정(사건)을, 혹은 변하지 않는 영원한 무엇인가를 '재현'하고 싶어 하고, 또 어떤 분은 어떤 일을 겪을 당시의 감정, 혹은 시간이 지나 그 일을 떠올릴 때의 감정을 '표현'하고 싶어 하는 거죠.

이러한 차이는 전통적으로 시와 소설의 차이를 구분하는 데 사용되기도 합니다. 소설은 주로 어떤 사건이 어떻게 시작해서 어떤 단계를 거쳐 어떻게 마무리되었는지 진행 과정을 일일이 설명하는 장르입니다. 하지만 시는 그와 같은 사건을 겪으면서 든 느낌, 그 사건으로 인해 생겨난 감정을 표현하기에 적합한 장르입니다. 소설의 다른 이름인 '서사(敍事)'와 시의 다른 이름인 '서정(抒情)'이 의미하는 바도 이것입니다.

하지만 시가 감정의 표현을 기본으로 삼는다고 해서 감정 표현만을 하는 것이라고 오해하지 않으시길 바랍니다. 혹은 감정 표현을 하지 않으면 시가 아니라는 식으로 이해하는 것도 곤란합니다. 재현과 모방을 추구하는 시도 많습니다. 반대로 소설이나 희곡도 시와 마찬가지로 감정을 다루고요. 다만, 우리가 이야기할 시는 개인의 감정을 표현할 자유를 얻음과 동시에 생겨난 현대시를 말하고, 그래서 감정의 표현을 가장 기본적이고 핵심적인 요인으로 갖는다는 정도로 이해하면 될 것 같습니다.

시를 읽고 쓰고 싶어 하는 이유는 이것만이 아닙니다. 여기에는 보다 복잡한 사정들이 얽혀 있습니다. 시의 역사와도 연관되는 이 다양한 욕망들을 차근차근 살펴보겠습니다.

1 감정이라는 폭발물

가. 잠 못 이루는 밤에는 누구나 시인이 된다

시라고는 교과서에 실린 것 말고는 읽어본 적 없는 분들이라도 시를 쓰고 싶은 생각을 한 번 쯤은 해봤을 겁니다. 적어도 이 책을 펼쳐 든 분들이라면 말이죠. 본인은 모르지만 어쩌면 이미 시를 썼을지도 모릅니다. 그럴 리 없다고요?

마음속에 할 말이 가득한데 털어놓을 데가 없어 공책을, 혹은 스마트폰 메모장을 꺼내든 적이 없나요? 반성하고 다짐하는 일기 같은 글을 말하는 게 아닙니다. 넋두리처럼 한자 한자 적어 내려가다 보면 어느새 노래 가사 같은 게 되기도 하는 그런 글을 말하는 겁니다. 그런 게 바로 시의 원형(原形)입니다. 시는 거기에서부터 출발합니다.

그런 메모에는 몇 가지 특징이 있습니다. 우선 단락 구분을 무시하는 경향이 있습니다. 일반적으로 산문은 여러 개의 문장을 연결하여 하나의 단락을 만들고, 그런 단락 여러 개를 연결하면서 글을 이어나가는데, 메모장에 그런 글을 적을 때는 한 문장이 끝날 때마다, 혹은 한 구절이 끝날 때마다 줄을 바꿉니다.

글만 봐서는 도대체 무슨 일이 있었는지 알 수 없다는 것도 그런 글들의 특징입니다. 왜냐하면 사실적인 내용은 자세히 적지 않기 때문입니다. 혹은 적더라도 아주 간략하게만 적습니다. 그래서 굉장히 슬픈 일이 있었구나, 화가 났었구나, 우울했구나, 하는 심정만 알 수 있어요. 시간이 한참 지난 후 읽거나 다른 사람이 읽으면 더 그렇지요.

어째서 그런 류의 글에는 일의 전후사정을 자세히 적지 않는 걸까요? 글을 적고 싶을 정도로 마음을 동요시켰던 일의 전모는 무엇이고, 그래서 어떻게 되었는지 같은 이야기는 왜 설명하지 않는 걸까요? 일일이 설명하는 데 많은 에너지가 소모되기 때문일까요? 아니면 구차하다고 느껴서일까요? 둘 다 그럴듯한 이유이지만 보다 더 직접적이고 단순한 이유가 있는 것 같습니다. 즉, 그 당시의 심정을 표현하는 게 제일 급하고 더 중요하다고 생각하기 때문입니다. 일어난 일을 객관적으로 기술하고 일의 전후 사정을 논리적으로 따져보고 무엇이 문제인지 파악하는 일보다 말입니다.

흥미로운 일이지요. 전후 사정을 차근차근 적다보면 마음도 가라앉고 상황도 이성적으로 이해할 수 있게 된다는 것을 알지만, 그러고 싶지 않은 거죠. 그런 건 나중에 생각해보고, 일단 지금 당장 내 감정을 풀어 버리지 않으면 미쳐 버릴 거 같은 때 적는 글, 내면의 무엇인가를 폭발시키듯 풀어놓는 글, 그게 바로 시의 원형이라고 할 수 있습니다. 그러니 그런 글을 써본 분이라면 시를 쓴 거나 다름없습니다.

시 읽기에 대해 이야기한다고 해놓고 왜 자꾸 시를 쓰는 것에 관한 이야기를 하냐고 하실 분도 계시겠네요. 시는 고사하고 메모도 적어본 적 없는 분들 말입니다. 하지만 이런 건 어떤가요? 다른 때는 눈에도 안 들어오던 구절들이 갑자기 마음에 꽂히는 경우 말입니다. 우연히 그런 글귀를 보게 되는 경우도 있지만 어디 좋은 구절 없나 열심히 웹사이트를 뒤지기도 하죠. 그러다가 마음에 드는 구절이나 글을 발견하면 다이어리에 옮겨 적기도 하고, SNS에 스크랩을 하거나 상태 메시지로 사용하기도 하잖아요.

읽는 것이 쓰는 것과 전혀 다른 것처럼 보이지만, 사실은 별로 다르지 않아요. 멋진 구절들을 읽는 것도, 그 구절들을 옮겨 적는 것도 시를 쓰는 하나의 방법입니다. 그리고 자신의 감정을 표현하는 방법입니다. CD나 LP로 음악을 듣는 것에 비유할 수 있을 것 같습니다. CD나 LP에는 노래의 정보가 미리 새겨져 있죠. 그리고 재생 버튼을 누르면 바늘이 LP에 새겨진 정보를 읽어내고, 레이저가 CD에 새겨진 정보를 읽어냅니다. 이와 비슷하게 우리 마음속에는 마침 표현하고 싶은 감정이 있는데, 다른 사람이 쓴 시나 좋은 구절을 읽으면서 이런 감정들이 재생되는 거죠.

또 다른 예를 들어볼까요? 특별히 어떤 노래가 듣고 싶거나 또 부르고 싶은 날이 있습니다. 다른 사람의 노래를 통해 우리의 감정을 표현하고 싶은 거죠. 그 노래를 내가 작곡하지 않았다고 해서, 그 노래 가사를 내가 쓴 게 아니라고 해서 나의 마음을 표현하는 게 아니라고 말할 수는 없습니다.

우리에게는 누구나 표현하고 싶은 욕구, 표현하고 싶은 감정들이 깃들어 있습니다. 이처럼 시로 표현될 준비를 하고 있는 감정들을 시심(詩心)이라고 합니다. 그것을 표현하느냐 표현하지 않느냐, 표현한다면 어떤 방법으로 표현하느냐 하는 것은 둘째 문제입니다. 시가 쉽게 쓰여져서 부끄럽다고 말한 시인도 있지만, 아무리 시를 쓰려고 해도 안 써져서 대신 남의 노래 가사를 따라 부르는 것이나, 답답한 마음에 자전거를 타고 동네 한 바퀴를 도는 것이나, 잠시 후 만나게 될 마리오처럼 공책에 낙서를 끄적이는 것이나 다 시심의 발로일 수 있다는 말입니다. 시 쓰는 것을 업으로 삼는 시인의 경우는 조금 다르겠지만, 시심은 씨앗과 같아서 마음속에 있다가 조건이 갖춰지면 조용히 싹을 틔우기 마련이니까요.

어떤 조건에서 시심이 싹 틔울까요? 아스팔트를 비집고 나와 노랗게 꽃을 피운 민들레꽃을 볼 때, 바다를 물들이며 해가 지는 풍경을 바라볼 때, 식구들이 모두 잠 든 밤 홀로 스탠드를 켜고 앉아 있을 때, 친구들과 왁자지껄하게 떠들다 혼자 집에 돌아오는 길에, 일요일 오후 TV를 켠 채 소파에서 잠든 아버지를 볼 때, 우리 마음속에 시심이 살아나기 시작하는 순간입니다.

나. 사랑, 시심(詩心)의 원형

무엇보다 가장 선명하게 시심이 꿈틀거리게 되는 것은 감정이 격렬하고 선명하게 움직이는 순간이 아닐까 싶습니다. 감정으로 치자면 사랑이 그렇고, 시기로 보자면 청년 때가 특히 그런 것 같습니다.

처음으로 누군가를 마음에 두게 되었을 때를 떠올려 보세요. 그 사람을 생각만 해도 가슴이 두근거리고, 그 사람 마음을 알고 싶어 가슴앓이를 하던 순간을요. 우연히 눈이라도 마주치면 세상을 다 가진 듯 들뜨다가, 다른 사람과 얘기하는 모습을 보기만 해도 상심하는 그런 일들을 한 번쯤은 겪었겠죠. 서로의 마음을 확인한 후의 터질 듯 벅차오르는 마음은 또 어떤가요. 영원할 줄 알았던 사랑이 떠나갈 때도 우리 마음은 동요합니다. 그리고 표현하고 싶어합니다. 대부분은 술을 마시거나 노래방에 가서 절규하듯 노래를 하거나 친구를 붙잡고 하소연 하는 방식으로 이 감정을 표현을 합니다. 하지만 이런 방식 말고 다른 방식으로 표현하고 싶어하는 사람도 있습니다.

마리오가 그렇습니다. 마리오는 이 책에서 앞으로 자주 언급이 될 중요한 인물이니 기억해두길 바랍니다. <일 포스티노>라는 영화의 주인공인 마리오는 이탈리아의 작은 섬에 사는 가난한 청년입니다. 고기잡이나 장사를 해서 먹고 사는 대부분의 마을 사람들처럼 마리오도 그렇게 살 운명이었습니다. 네루다라는 시인을 만나지 않았다면요. 네루다는 실존했던 칠레의 시인입니다. 그리고 영화에서 다루어지는 그에 관련된 이야기는 대부분 사실에 바탕하고 있습니다. 사회주의자였던 네루다가 칠레 정부로부터 수배를 받아 이탈리아로 망명을 하고 마리오의 섬에 머물게 되면서 이들의 운명적인 만남이 이루어집니다.

마리오는 시에 대해 전혀 아는 게 없었습니다. 그러던 그가 네루다를 만난 이후 시에 대해 궁금해 하고, 시를 읽고, 시를 쓰고 싶어 하고, 실제로 시를 쓰기 시작하고, 마침내 시를 완성하게 됩니다. 이 모든 일의 시작과 끝에는 사랑이 있습니다. 바로 베아트리체라는 아름다운 여인에게 한눈에 반한 심정을 표현하면서 그의 첫 번째 시가 탄생했으니까요.

사실, 마리오가 제일 처음 시에 관심을 갖게 된 진짜 동기는 따로 있습니다. 우리가 사랑이라고 부르는 것과는 조금 거리가 먼, 바로 연애를 하고 싶다는 거죠. 마리오는 네루다 전담 우편배달부나 다름없습니다. 세계 각지에서 오는 팬레터를 거의 매일 네루다에게 전달해줍니다. 그러면서 네루다가 특히 여자들에게서 많은 팬레터를 받는 사실을 알게 되죠. 우리의 순진한 주인공 마리오는 이런 상황을 '시인은 여자에게 인기가 많다, 그러므로 나도 시인이 되면 연애를 할 수 있다'라고 이해합니다.

웃는 분이 계실지도 모르겠지만 남의 이야기가 아닙니다. 누군가를 사랑하는 게 아니라 누구라도 좋으니 사랑하고 싶은 마음은 우리도 자주 느끼니까요. 꽃이 핀다고 낙엽이 진다고 마음이 싱숭생숭해지거나, 연말연시 팔짱 끼고 다니는 연인들을 보고 유난히 춥다고 느끼거나 할 때가 바로 누구라도 좋으니 사랑하고 싶다는 마음이 드는 때입니다. 로맨틱한 영화를 보거나 가슴 절절한 연애 소설을 읽을 때 이런 마음은 더 생생해집니다. 실제로 사랑할 대상이 없어도 이런 감정 자체가 달콤해서 그 달콤함을 이어가려고 다시 그런 류의 작품들을 찾아보기도 합니다.

마리오는 보다 적극적입니다. 이런 낭만적인 꿈을 이루기 위해 즉각 실천에 나섭니다. 네루다의 시집을 사고, 네루다의 시를 읽고, 네루다에게 시를 가르쳐달라고 청하기 시작한 거죠. 그러다가 베아트리체를 만나고 한 눈에 반하게 됩니다. 그렇다면 이렇게 말할 수도 있겠습니다. 마리오가 사랑할 준비가 되어 있었기 때문에 베아트리체와 사랑에 빠졌다고요.

마리오가 첫 번째 시를 쓰게 된 것은 베아트리체와 사랑에 빠진 다음입니다. 그녀를 향한 사랑의 감정을 주체하지 못해 시를 쓰게 된 겁니다. 베아트리체를 보고 사랑에 빠져버린 그 날 밤, 집으로 돌아온 마리오는 좀처럼 잠을 이루지 못하고 창밖을 내다봅니다. 창밖에는 비현실적으로 큰 달이 떠 있고, 마리오 앞에는 백지가 놓여 있고, 마리오의 손에는 핀볼이 하나 들려 있습니다. 베아트리체가 입에 물었다 떨어뜨린 것을 마리오가 갖고 온 겁니다. 마리오는 이 핀볼과 둥근 달을 번갈아 쳐다보다가 공책 위에 무언가 적기 시작합니다. 바로 그의 첫 번째 시입니다.

그런데 그가 완성한 것은 언어로 된 시가 아니었습니다. 정성껏 공책에 쓴 것은 다름 아닌 커다란 동그라미였습니다. 달 같기도 하고,

핀볼 같기도 한 이 동그라미는 분명 우리가 아는 시는 아닙니다. 하지만 시의 본질을 나무랄 데 없이 완벽하게 구현하고 있습니다. 베아트리체에 대한 마리오의 감정을 표현하고 있으니까요. 그 원이 베아트리체가 입에 물었던 핀볼과 닮았다는 것은 그 원을 통해 핀볼에 묻어 있을 베아트리체의 호흡을 표현하고 싶은 마음을 보여줍니다. 또한 그 원이 만월을 닮았다는 것은 그 원을 통해 커져가는 마리오의 사랑을 표현한 것이기도 합니다. 베아트리체에 대한 감정뿐만 아니라 달과 핀볼이라는 객관적인 상관물을 사용하여 은유를 구사하기까지 하고 있으니 이보다 더 시적인 것이 어디 있을까요?

사랑이라는 폭발적 감정이 시의 동력이 된다는 사실은 네루다의 경우에도 확인됩니다. 네루다는 그의 나이 스무 살에 펴낸 두 번째 시집의 대성공으로 세상에 이름을 알리게 되는데, 그 시들은 다름 아닌 사랑에 관한 시들이었습니다. 『스무 편의 사랑의 시와 한편의 절망의 노래』라는 제목의 이 시집은 네루다 자신도 그렇게 인기를 많이 얻으리라고는 상상도 못했을 정도로 인기를 끌었다더군요.

흥미롭게도 우리나라에서 처음 현대시가 쓰여지기 시작하던 1920년 전후에 시인들이 주로 썼던 시도 연애시입니다. 봄밤의 애수어린 연심을 담은 김억의 <봄은 간다>나 우리나라 최초의 자유시로 알려진 주요한의 <불놀이>, 이상화의 <나의 침실로>, 홍사용의 <그것은 모두 꿈이었지만은>, 김소월의 <진달래꽃> 등등, 현대시는 곧 연애시라는 공식이라도 있었던 게 아닌가 싶을 만큼 열정적이고 낭만적인 사랑의 시들이 쏟아져 나온 겁니다.

더 흥미로운 것은 이런 사랑의 시를 쓰는 시인의 나이가 하나 같이 20대 초반이라는 사실입니다. 영화 속 마리오의 나이는 구체적으로 나타나지 않지만 20대의 청년인 것 같고, 네루다나 앞에 나열한 한국 시인들도 20대를 전후한 나이에 사랑의 시를 씁니다. 어찌 보면 당연한 일이지요. 청년기야말로 사랑의 감정에 한창 예민한 때이고, 또 감정 자체가 생생하게 출렁거리는 시기이니까요. 하지만 지금의 맥락에서 더 주의깊게 보아야 할 것은 사랑이라는 감정과 시의 상관성입니다. 즉, 사랑이라는 감정이 시를 촉발시키는 가장 강렬한 감정이라는 사실을 이상의 사례들에서 이끌어낼 수도 있을 것 같습니다.

베아트리체에 대한 마리오의 사랑처럼 에로틱한 사랑만 시의 동력이 되는 것은 아닙니다. 정열로 불타오르는 낭만적인 사랑 말고도 사랑의 종류는 많습니다. 부모 자식 간의 사랑, 친구와 동료들 간의 우정, 이웃과 공동체에 대한 관심, 말 못하는 짐승과 꽃에 대한 애틋함, 더 나아가 인류와 존재하는 모든 것에 대한 연민과 책임감 등등, 이기적인 우리를 동요시키고 마음 쓰이게 하는 모든 종류의 친밀감과 관심은 사랑의 한 종류입니다.

분노와 증오 같은 부정적인 감정은 어떨까요? 이도 사랑과 무관하지 않습니다. 사랑의 반대말은 증오가 아니라 무관심이라는 흔한 말도 있지요. 관심조차 없다면 그것은 우리 눈에 들어오지도 않고 문제가 되지도 않을 겁니다. 분노하고 화내고 절망하는 것은 우리가 그 대상에게 가졌던 어떤 긍정적인 기대와 관심이 좌절되었을 때 생겨납니다.

이 모든 종류의 사랑이 시의 가장 강력한 에너지이며 목적입니다. 이제 차차 살펴보겠지만 마리오의 사랑도 그렇게 넓어지고 다채로워집니다. 그에 따라 그의 시도 다채로워집니다. 이 모든 사랑이 시를 낳습니다. 사랑 없이는 시도 없습니다. 시는 사랑을 세상에 외치고 싶어 하는 열망의 언어인지도 모르겠습니다.

다. 감정을 어떻게 표현할 것인가

감정의 표현이 시의 정수라고 한다면 감탄사야말로 가장 시적인 것이라고 할 수 있습니다. 하지만 감탄사나 '행복하다', '슬프다', '화난다' 같이 직접적으로 감정을 드러내는 단어들을 시라고 하지 않습니다. 뿐만 아니라 좋은 시는 감정을 직접 표현하지 않는 거라는 말도 있습니다. 어떤 심정인지 언어로 표현하지 않았는데도 읽으면 자연스럽게 그 감정이 느껴지는 시가 좋은 시라는 거죠. 가령 우리나라에서도 1930년대 시인 정지용이 다음과 같은 말로 감정을 과도하게 표현하는 것을 경계했습니다.

> 안으로 열하고 겉으로 서늘옵기란 일종의 생리를 압복시키는 노릇이기에 심히 어렵다. 그러나, 시의 위의는 겉으로 서늘옵기를 바라서 마지않는다. …중략… 시는 소설보다도 선읍벽이 있다. 시가 솔선하야 울어버리면 독자는 서서히 눈물을 저작할 여유를 갖지 못할지니, 남을 울려야 할 경우에 자기가 먼저 대곡하야 실소를 폭발시키는 것은 소인극에서만 본 것이 아니다. 남을 슬프기 그지없는 정황으로 유도함에는 자기의 감격을 먼저 신중히 이동시킬 것이다.
>
> 정지용, 〈시의 위의(威儀)〉

어려운 말들이 많지만 요점은 이겁니다. 시가 감정을 노골적으로 드러내면 오히려 독자에게 감동을 주기 어렵다는 거죠. 시가 소설보다 그런 경향이 많다는 지적은 시의 알맹이는 역시 감정이라는 사실을 확인하게 해줍니다만 더 중요한 것은 그런 감정을 자제하자는 주장입니다. 정지용은 이를 '시의 위의(威儀)', 즉 위엄과 품위라고 보았습니다.

노골적인 감정 표현이 우리를 당혹하게 만드는 경험은 일상에서도 종종 겪는 일입니다. 아무리 친밀한 사이라도 누군가 내 앞에서 갑자기 슬피 운다면 그가 왜 우는지도 알고, 그게 울만한 이유라는 것도 알지만 감정을 이입하기 보다는 당황하기 쉽습니다.

영화나 드라마에서도 마찬가지입니다. 영화 속에서 주인공이 비극적인 상황에 빠집니다. 이러한 비탄을 어떤 영화는 주인공의 오열로 표현하고 또 어떤 영화는 넋이 나간 채 창밖을 바라보는 모습으로 표현합니다. 만약 우리가 실제 그런 상황에 빠진다면 우리도 오열하고 통곡할 겁니다. 영화의 여주인공처럼 '흑'하는 탄식을 내뱉으며 슬픔을 삼키는 일은 쉬운 일이 아니니까요. 누군가가 그처럼 큰 슬픔을 당하고도 그토록 감정을 자제한다면 오히려 독하다고 수군거릴지도 모릅니다.

하지만 영화나 드라마, 혹은 소설을 읽는 입장에서는 다릅니다. 우리의 마음은 큰 소리로 오열하는 것보다 그 오열을 억누르려고 애쓰는 모습에서 더 큰 감동을 받습니다. 이상하고도 이기적인 마음이긴 합니다만, 타인이 너무 고통스러워하는 모습이 우리의 마음을 불편하게 만드는 것 같습니다. 그의 고통과 슬픔이 우리에게 전염될까 두렵기 때문일까요?

하지만 반대의 경우를 생각해보면 꼭 그런 것도 아닙니다. 기쁘고 즐거운 감정의 표현 역시 너무 직접적으로 드러나면 별로 좋아하는 것 같지 않습니다. 남녀 주인공이 호감을 갖고도 매번 어긋나다가 서로의 사랑을 확인하고 그 사랑을 꽃피워나가는 로맨스 드라마를 떠올려 보죠. 우리가 흥미롭게 지켜보는 건 서로의 사랑을 확인하기까지의 과정입니다. 이 사랑이 이루어질 것을 뻔히 알면서도 가슴 조이며 보다가도 사랑을 확인하고 알콩달콩 애정행각을 벌이기 시작하면서부터는 왠지 재미가 없어집니다.

슬픔이든 기쁨이든 우리는 타인의 감정이 적나라하게 표현되는 것을 잘 못 견뎌 하는 것 같습니다. 이에 대해서는 여러 가지 흥미로운 가설이 있을 수 있습니다. 가령, 가장 근본적인 차원에서 우리 인간은 타인의 감정에 공감하기 어려운 존재인지도 모르겠습니다. 기분전환 삼아 영화를 보는데 뜻하지 않게 누군가의 슬픔을 봐야 한다면 누구라도 불쾌하겠지요. 기분전환 삼아 영화를 보았는데 다른 사람의 행복을 봐야 한다면 이 또한 마찬가지입니다. 혹은 직접적이고도 격렬한 감정 표출은 그 감정을 우리에게 강요하는 것처럼 느껴지기 때문이라고 볼 수도 있습니다. 무방비 상태에서 갑자기 전해져오는 강렬한 감정은 우리의 무기력함과 수동성을 자각하게 합니다. 우리는 무엇으로부터도 압도당하거나 제압당하기를 원하지 않습니다.

예술과 현실의 차이를 생각해볼 수도 있겠습니다. 우리에게는 예술이 현실과는 다른 방식으로 존재한다는, 다른 방식으로 존재해야 예술이라는 생각이 있습니다. 그 대표적인 방식이 거리두기입니다. 예술이라는 것은 감정이든, 자기 자신이든, 외부에 있는 대상이든 거리를 두어야 합니다. 감정을 직접적이고 노골적으로 드러낸다면 그것은 예술이 아니라 현실 그 자체입니다.

이런 생각이 퍼지기 시작한 건 비교적 최근의 일입니다만, 어찌 되었건 그 감정을 진실하게 표현하면서도 그 감정으로부터 거리를 둘 때 시답다는 생각은 여전히 유효합니다. 가령 사랑으로부터도 거리를 두고 있는 다음 시는 이러한 요구에 잘 부합하는 시처럼 보입니다.

섭섭하게,
그러나
아조 섭섭치는 말고
좀 섭섭한 듯만 하게,

이별이게,
그러나
아주 영 이별은 말고
어디 내생에서라도
다시 만나기로 하는 이별이게,

연꽃
만나러 가는
바람 아니라
만나고 가는 바람같이…….

엊그제
만나고 가는 바람 아니라
한두 철 전
만나고 가는 바람같이…….

서정주, 〈연꽃 만나고 가는 바람같이〉

연꽃과 바람을 통해 사랑과 이별에 대해 이야기하는 위의 시에서는 다양한 거리두기의 방법을 엿볼 수 있습니다. 가장 눈에 띄는 것은 '시간'입니다. 시의 후반부에 나타나 있습니다. 연꽃을 만나러 가는 길이라니 얼마나 설렐까요. 연꽃으로부터 떠나야 한다니 그것은 또 얼마나 아쉽고 허전할까요. 그러나 이 시는 그 설렘과 아쉬움의 감정으로부터 거리를 둡니다. "바람같이" 어쩌자는 건지 서술어가 생략되어 있어 정확히는 알 수 없지만, 아마도 격렬한 감정을 가라앉히겠다고, 혹은 가라앉히자고 하는 건 아닐까 싶습니다. 그러니까, 감정으로부터 거리를 두자는 거지요.

이 거리두기는 시간을 통해 이루어집니다. "연꽃 만나러 가는 바람"과 "연꽃 만나고 가는 바람"의 마음, 엊그제 연꽃을 만나고 가는 바람과 한두 철 전 연꽃을 만나고 가는 바람의 마음 사이에는 시간의 경과가 있습니다. 어떤 감정이 아무리 강렬하고 생생하다고 하더라도 시간이 흐르면 희미해지고 옅어지기 마련이라는 사실을 잘 알고 있는 거죠. 감정의 강렬함은 그 감정들을 불러일으키는 행위를 전후해서도 달라집니다. 연인을 만나기로 한 시간이 다가올수록 더 크게 뛰던 심장의 고동소리를 떠올려 보시길, 사랑하는 사람을 만나고 난 직후의 감정과 그 만남이 있은 지 며칠 후의 감정을 비교해보시길. 이 시는 감정이 가장 격렬하게 들끓어 오르는 순간을 노래하는 대신 그 감정들이 가라앉은 상태에 초점을 맞춥니다.

또 한 가지 거리두기의 방법으로 이 시에서 보여주는 것은 바로 '척 하기'입니다. 작품의 초반부에서 사용하고 있는 거리두기의 방법입니다. 진짜 섭섭한 것이 아니라 "좀 섭섭한 듯만"하자는 1연의 말은 일종의 연기(演技)를 통해 진짜 감정으로부터 거리두기를 하고 있음을 보여줍니다. 이별을 하더라도 "내생에서라도/ 다시 만나기로 하는 이별이게" 하자는 2연의 말은 자신들에게 실제 닥친 운명을 모르는 '척 하는' 방식을 통해 거리두기를 하고 있습니다. 자신의 감정과 자신의 운명, 신념들을 '척 하기'로 전환시킴으로써 섭섭함이라는 감정과 영원한 이별이 가져오는 쓰라림을 가라앉히고 스스로를 다독입니다.

그런데 이러한 '척 하기'는 시의 본질이기도 합니다. 위의 시만 해도 그렇습니다. 사랑에 대해 이야기하고 싶지만 사랑이라는 말을 절대로 사용하지 않고 있죠. 흔히 시의 본질이라고 말하는 '메타포', '은유' 같은 것도 알고 보면 '척 하기'나 마찬가지입니다. A를 A라고 말하는 대신 다른 것에 빗대어 둘러말하는 것, A에 대해 말하고 싶지만 A로부터 거리를 두는 것이니까요. 시의 편에서 보자면, 이 거리두기는 더 풍부한 의미를 담을 수 있는 여지를 만들어 줍니다. 독자인 우리 편에서 보자면, 거리두기가 만들어 낸 공간에 우리 자신을 위치시킴으로써 우리 것이 아닌 경험과 감정에 우리의 감정과 경험을 이입할 수 있게 됩니다.

그러나 이런 것이 법칙은 아닙니다. 중요한 것은 감정을 직접적으로 토로하든, 감정을 절제하여 표현하든 우리는 감정을 표현하고 싶어서 시를 읽고 또 쓴다는 사실입니다.

2 아름다움의 모방과 창조

가. 아름다움에 끌리는 사람들

얼마 전 아주 평범하지만 신기한 체험을 했습니다. 한 석 달 동안 새로운 도시에 살 기회가 있었는데, 숙소 근처에 내천이 하나 있었어요. 그곳 사람들은 그 내천을 큰 수로라고 부르지만 고작 열 댓 걸음이면 건널 수 있을 정도로 폭이 좁은 내천이었지요. 그렇지만 얼마나 아름답던지요. 도심 한가운데였는데도 내천을 따라 오래 된 아름드리 나무들이 줄지어 서 있고 그 아래 이어진 작은 오솔길에는 언제라도 앉았다 갈 수 있게 벤치가 곳곳에 놓여 있었습니다.

그 내천을 거의 매일 걸으며 정말 많은 사진을 찍었습니다. 다른 사진도 많이 찍었지만, 나무와 내천을 특히 많이 찍었습니다. 아침이면 동쪽에서 떠오르는 햇살에 반짝이는 수면이 아름다워서, 해질녘이면 서쪽으로 기우는 햇살에 반짝이는 수면이 또 아름다워서, 바람이 불면 잔물결이 이는 수면이 아름다워서, 비가 오면 조그만 파문이 퍼져나가는 수면이 아름다워서 찍고 찍고 또 찍었습니다. 가을이 깊어가면서 하루하루 변해가는 나무의 빛깔도 놓칠 수 없었죠.

그러던 어느 날 문득 의문이 들더군요. 도대체 왜 나는 이렇게 매일 사진을 찍으려고 하는 걸까. 처음 보는 멋진 풍경이면 이해가 갑니다. 하지만 이미 여러 번 본 풍경인데다가 이미 그 풍경들을 충분히 사진으로 찍었고, 심지어 나중에 보면 대개가 비슷비슷한데 어째서 매번 카메라를 꺼내드는 걸까 싶더군요.

이건 조금 극단적인 예일 수 있지만 아마 여러분들도 비슷한 경험이 있을 겁니다. 훌륭한 전문가들이 최고의 장비와 솜씨로 가장 아름다운 각도에서 찍어 놓은 풍경 사진들이 있습니다. 그리고 우리는 그런 사진에 매혹되어 여행을 떠납니다. 그리고 우리 손으로 꼭 그 장면을 찍고 싶어합니다. 어째서 그런 걸까요?

일상에서도 마찬가지입니다. 친구들과의 소중한 순간을 잊지 않기 위해서 사진을 찍기도 하지만, 벚꽃이 비처럼 날리는 순간, 기하학적으로 건물들이 늘어선 골목, 그리고 잘 꾸며진 카페나 쇼윈도의 아기자기한 소품들을 보면 우리는 어느새 스마트 폰의 카메라 기능을 켜지요. 매해 피는 꽃이고, 늘 만나는 노을이지만 그걸 우리는 다름 아닌 우리 손으로 담고 싶어 합니다.

이 모든 사례들은 우리가 본능적으로 아름다움에 끌리고, 아름다움을 표현하고 싶어하는 욕망을 갖고 있다는 증거가 아닐까요? 옛날 같으면 화구며 장비를 챙겨서 오랜 시간을 들여야 충족할 수 있는 이런 욕망을 스마트폰 같은 기술의 도움으로 아주 손쉽게 해결할 수 있게 된 거죠. 가히 아름다움의 대중화이며, 예술의 평등화라고 할 수 있겠습니다.

시를 쓰고 읽는 것에도 이 아름다움에 대한 욕망이 작동합니다. <시>의 미자 할머니나 <일 포스티노>의 마리오도 그랬습니다. 영화에서 미자 할머니는 시를 배우러 다니기 전부터 아름다운 것에 남다른 감각을 갖고 있는 인물로 그려집니다. 먹고 살기 바쁜데도 보는 사람마다 '멋쟁이'이라고 할 정도입니다. 미자 할머니도 남들이 그렇게 불러주는 게 싫지 않습니다. "그렇게 봐 주시니 고맙네요"라고 하며 반색하거든요.

고운 색깔의 하늘거리는 블라우스와 치마를 자주 입기는 하지만 결코 값비싸거나 화려한 건 아닙니다. 다만 누가 봐도 옷 입는 데 신경을 썼구나 생각될 정도로 입고 다닐 뿐입니다. 미자 할머니는 꽃도 좋아합니다. 길가다 꽃이 피어 있으면 걸음을 멈추고 바라보죠. 영화에서는 이렇게 아름다운 것, 예쁜 것을 좋아하는 성향을 '시인 기질'이라고 말합니다. 그래서 시를 쓰고 싶어하나 보라고 미자 할머니 스스로도 인정해요. 이런 설정은 시 쓰는 사람에 대한 세상의 통념을 그대로 따른 것이긴 합니다만 틀린 말은 아닌 것 같습니다. 아름다운 것에 끌리고, 아름다운 것을 표현하고 싶은 마음이 시의 충분조건은 아니지만 시의 필요조건인 것은 분명하니까요.

아름다움을 표현하고 싶어하는 욕구는 감정을 표현하고 싶어 하는 욕구와는 조금 다른 성격을 갖습니다. 마리오를 예로 들면 둘의 차이가 비교적 선명해집니다. 앞서 마리오가 시를 쓰게 된 게 베아트리체와 사랑에 빠졌기 때문이라고 했었지요. 그녀를 얼마나 사랑하는지 자신의 감정을 표현하지 않을 수 없어서 시를 쓰려고 했다는 거죠. 하지만 그게 전부는 아닙니다. 그는 베아트리체의 아름다움도 표현하고 싶었을 겁니다. 베아트리체에게서 아름다움을 보았고, 그 아름다움을 스스로 표현해보고 싶은 거죠. 마리오가 언어 대신 동그란 원으로 표현한 것은, 혹은 동그란 원으로밖에 표현하지 못한 것은 베아트리체에 대한 사랑의 감정과 더불어 눈부신 베아트리체의 아름다움이기도 합니다. 그것으로도 충분하지 않아 마리오는 네루다가 자신의 연인의 아름다움을 찬미한 시를 읽으며 그 아쉬움을 달랩니다.

나. 우리는 왜 아름다움에 끌리는가

우리는 왜 아름다움을 표현하고 싶어하는 걸까요? 왜 아름다움에 끌리는 걸까요?

우선 아름다움을 느낀다는 게 정확히 무엇을 말하는지 알아보기로 합시다. 우리는 '아름다움을 느낀다'라고 말하면서 '느낀다'는 단어를 사용합니다. 때때로 아름다움은 감정과 동시에 느껴지기도 합니다. 벚꽃이 흩날리는 풍경을 보고 아름답다고 생각하면서 동시에 슬픔을 느끼는 식이지요.

하지만 철학자들은 아름다움을 느끼는 것과 감정을 느끼는 것을 구분합니다. 일차적으로 아름다움은 우리 외부에 존재하는 것으로부터 출발합니다. 반면 감정은 내부에서 시작되는 것으로 봅니다. 즉, 외부에 존재하는 대상을 지각하는 것으로부터 아름다움이라는 반응이 시작된다는 점에서, 안으로부터 생겨나는 감정과는 구분됩니다.

판단의 과정이 개입한다는 것도 아름다움을 느끼는 것과 감정을 느끼는 것의 차이입니다. 아름다움은 좋고 싫은 것에 대한 판단의 결과입니다. 하지만 이때의 좋고 싫음은 감정처럼 완전히 주관적인 것도 아닙니다. 사적인 이해관계와 상관없이 누구나 좋다거나 혹은 누구나 싫다고 생각하는 판단을 말합니다. 이 말은 진정으로 아름다운 것은 누구나 동의할 수 있는 보편성을 지닌다는 것을 뜻하게 되죠. 조금 어려운 말이지만, 간단히 말해 아름다움은 감정과 이성적 사고, 객관성과 주관성 두 가지 성질을 다 갖고 있다고 이해하면 될 것 같습니다. 우리의 근대적 사고를 확립시킨 칸트라는 철학자가 아름다움을 느끼는 것을 그런 식으로 정의했거든요.

사실 무엇을 아름답다고 생각하는가 하는 점은 시대에 따라 변해왔습니다. 단적으로 조금 전에 말한 칸트의 정의부터가 더 이상 유효하지 않으니까요. 칸트는 무엇인가 아름답다고 하려면, 아름답다는 판단에 모든 사람이 동의하는 것이어야 한다고 했지만, 그렇지 않은 경우를 우리는 많이 알고 있죠. 더럽고 추한 것, 폭력적이고 잔인한 것들을 아름답다고 생각하는 그런 극단적인 예 말입니다.

자신들의 후손이 이런 것에서 아름다움을 느낀다는 사실을 고대 그리스인들이 알게 되면 아마 기겁을 했을 겁니다. 그들은 진리, 선 같은 완전무결한 것만을 아름답다고 여겼으니까요. 아니, 아름답다는 것은 완전하며 영원하고 진리 그 자체이고 또 선하다는 말의 동의어로 사용되었다는 것이 더 적절한 표현이겠네요. 그들은 그렇게 이상적인 것이 존재한다고 생각했으며, 이를 '이데아'라고 불렀습니다. 그리고 이 세상에 존재하는 모든 것들은 자신의 이데아를 복사한 것에 지나지 않는다고 보았죠. 그래서 이 세상에 존재하는 것들은 이데아에 비하면 한참 추하고 부족하다는 게 그들의 생각이었어요.

이러한 생각은 차츰 도전을 받기 시작합니다. 사람들은 오늘날 우리가 아름답다고 흔히 생각하는 작고 부드럽고 예쁘고 아기자기한 것을 아름답다고 여기기 시작했거든요. 그리고 지나치게 큰 것이나 반대로 지나치게 작은 것, 조화나 균형이 깨진 것, 그러니까 예전 같으면 아름답다고 생각하지 않을 것들도 아름다운 것으로 인식됩니다. 이러한 생각은 급속도로 퍼지기 시작하여 앞서 우리가 얘기한 추함, 잔인함, 끔찍함, 더러움, 불결함 같은 것들도 아름답다고 말할 수 있기에 이릅니다.

아름다움에 대한 생각이 이처럼 변화하게 된 배경이 중요합니다. 고대 그리스 사람들처럼 아름다움이 우리와 동떨어져 어디 멀리 저 세상에 따로 있다거나 대상에 숨어 있다거나 하는 게 아니라 개인이 발견하고 판단할 수 있는 것이 된 거죠. 각자가 느끼는 아름다움, 각자가 포착한 아름다움이라는 생각이 가능해지는 것은 개인이 그만큼 중요해졌다는 것을 의미합니다. 감히 일개 개인이 아름다움을 판단하는 시대가 도래한 겁니다.

인간 개개인의 독립성과 개별성이 적극적으로 옹호되고 찬미되기 시작한 이 시기를 우리는 근대라고 부릅니다. 우리가 태어나기 훨씬 전부터 존재했으며, 지금까지도 우리의 생각과 생활 방식을 지배하는 세계관이 생겨난 시기이자 우리가 말하는 현대시라는 것이 전성기를 맞이한 시기이기도 합니다. 스스로 아름다움을 발견하게 된 개인들이 자신들이 발견한 아름다움을 표현하고 싶어하게 되었던 거지요.

마리오의 변화에서 우리는 아름다움에 대한 인간의 생각이 어떻게 변화해 가는가를 엿볼 수 있습니다. 사실, 베아트리체에 대한 사랑을 동그라미로 표현한 것을 끝으로 마리오는 제대로 된 시를 쓰지 못합니다. 망명 생활을 마친 네루다가 섬을 떠나고, 베아트리체와 결혼에 성공한 후 어엿한 가장이 되어 생계를 책임져야 하고, 그러는 틈틈이 사회주의 집회에도 참석하는 등 그 사이 마리오에게 정말 많은 일이 일어나기도 했습니다만, 그게 진짜 이유는 아닙니다. 그가 시를 쓰지 못한 것은 어쩌면 베아트리체 이후 시로 담아내고 싶은 아름다움을 발견하지 못했기 때문인지도 모릅니다. 실제로 마리오는 자기 입으로 이런 이야기를 합니다. 네루다에게 보낸 편지의 일부분입니다.

> 선생님, 기억하시나요? 전에 선생님께서 우리 마을의 좋은 거 아무거나 말해보라고 했을 때, 저는 아무 말도 하지 못했어요. 하지만 이제는 알 것 같아 이 테이프를 보냅니다. 이걸 들으시면 저와 이탈리아가 생각나실 겁니다. …중략… 전 선생님이 이 섬의 아름다움을 모두 가져가신 줄 알았어요. 하지만 이제 보니 저를 위해 뭔가 남기신 걸 알겠어요.

이 편지에서 마리오는 자기 섬의 아름다움에 대해 정작 그 섬에 살고 있었으면서 인식하지 못했다는 사실을 알 수 있죠. 그 섬의 이방인인 네루다는 알아봤는데 말이죠. 어디 마리오만 그런가요. 우리 자신도 때때로 우리가 살고 있는 곳이 아름다운 곳이라는 것을 잊기 쉽습니다. 하긴 이런 생각을 이해 못할 바도 아니지요. 삶의 터전은 아름다움을 느낄 여지를 주지 않습니다. 일상과 생존을 위한 치열한 투쟁이 펼쳐지는 공간일 뿐이지요. 마리오와 마을 사람에게 그 섬도 마찬가지였을 겁니다.

이 편지에는 또한 마리오가 아름다움을 무언가 특별한 것, 특별한 사람에게 속한 것이라고 생각했음을 알 수 있습니다. 말하자면 네루다처럼 시를 쓰는 사람에게만 보이는 것, 그런 존재만이 영위할 수 있는 것이라고 보았던 거죠. 이는 아름다움이 개개인에 의해 발견될 수 있는 것이라는 생각이 퍼지기 이전의 생각과 정확히 일치합니다.

그래서 그랬던 걸까요. 네루다가 망명 생활을 정리하고 조국 칠레로 돌아간 후 마리오는 내내 네루다의 빈자리에 허전함을 느낍니다. 네루다와 함께 걸었던 바닷가를 걸어보아도, 어부의 그물 손질하는 모습을 보아도 그냥 그렇습니다. 그러면서 네루다와 함께 했던 시간을 그리워합니다.

하지만 정작 그토록 그리워하는 네루다에게는 소식 한 자 없습니다. 네루다는 그새 그 섬의 아름다움을 잊은 걸까요? 단지 자신이 사는 동안에만 잠깐 눈길을 주었던 것에 지나지 않았던 걸까요? 네루다를 극진히 생각했던 마리오와 마을 사람들에게는 실망스러운 일일지도 모르지만, 어쩌면 네루다는 다른 아름다움을 발견하고 거기에 빠져 있었던 건지도 모르겠습니다. 네루다 자신이 존재하는 그 공간에서 말입니다.

위의 편지에서 마리오는 네루다가 자신을 위해 무엇인가 남기고 간 것이 있다는 말도 하고 있습니다. 그것이 무엇이었을까요? 그것이 무엇인지 편지에서는 직접 언급하고 있지 않습니다. 하지만 맥락을 통해 유추해 볼 수 있습니다. 이 편지는 그토록 그리워하던 네루다로부터 드디어, 그러나 비서를 통해 짐을 정리해달라는 부탁을 받고 네루다의 작업실에 다녀온 후에 쓴 편지입니다. 거기에서 마리오는 네루다가 남겨놓고 간 녹음기를 발견하죠.

이 녹음기는 네루다가 마리오에게 그 섬의 좋은 것에 대해 소개해 보라고 하며 마리오의 말을 녹음했던 바로 그 녹음기입니다. 위의 편지에서 마리오는 그때 자신이 아무 말도 못했다고 했지만, 대답을 하기는 했습니다. 베아트리체였습니다. 섬의 아름다움은 보지 못했지만, 자신이 사랑하는 연인의 아름다움은 보았던 거죠. 마리오는 거기에 녹음된 대화를 다시 들으며 뭔가 떠오른 듯 녹음기를 챙깁니다.

그리고 자신의 섬의 소리들을 녹음합니다. 섬의 해변에 밀려오는 큰 파도 소리와 작은 파도 소리, 절벽에 부딪히는 바람소리, 나뭇가지를 스쳐가는 바람소리, 아버지의 서글픈 그물 소리, 신부님이 치는 성당의 종소리, 섬에서 바라본 밤하늘의 별들 소리, 그리고 마지막으로 베아트리체 뱃속에서 자라고 있는 파블리토의 심장소리까지 순서대로 녹음을 합니다. 요즘 우리라면 스마트폰으로 사진을 찍어 SNS로 전달했을 그 일을 바로 마리오가 한 겁니다. 바로, 섬의 아름다움을 표현한 거죠. 자기 자신의 눈으로 자기 삶에 깃들어 있는 아름다움을 발견하고 그것을 표현하고 또 전달한 것입니다. 그러니 네루다가 남기고 갔다는 그것은 다름 아닌 섬의 아름다움이라고 할 수 있겠네요. 즉, 마리오는 네루다가 섬의 아름다움을 가지고 간 것이 아니라 섬에는 여전히 아름다움이 남아 있다는 것을, 자신이 발견하지 못했을 뿐이라는 것을 이런 식으로 표현한 것일 수도 있겠습니다.

편지의 후반부에 마리오는 자신이 드디어 시를 썼다는 자랑도 합니다. 그러면서 네루다를 만나지 못했더라면 자신이 시를 쓸 수 없었을 것이라는 말도 잊지 않습니다. 그렇다면 네루다가 마리오를 위해 남기고 간 것은 또 있는 셈이지요. 섬의 아름다움을 발견할 수 있는 눈과 그것을 표현하고 싶어 하는 욕망, 거기에 더해 그것을 표현할 수 있는 능력을 마리오에게 남기고 간 것입니다.

네루다의 눈과 네루다의 시를 통해서만 아름다움을 볼 수 있었던 마리오가 자신의 눈으로 자신의 삶에서 아름다움을 찾아내고 그것을 표현하게 되는 것은 아름다움에 대한 인류의 생각이 바뀌어 온 것과 비슷합니다. 오늘날 아름다움은 어디 멀리 다른 세상에 있거나 특별한 사물에 속해 있는 것이 아니라 미자 할머니나 우리 곁에 존재하며, 우리와 같이 평범한 사람에 의해 발견되기를, 또 표현되기를 기다리고 있는 것으로 하강하게 된 거죠. 그러한 결과, 우리에게도 아름다움을 표현하고 싶어 하는 마음이 솟아나게 된 거라고 할 수 있습니다.

다. 아름다움의 모방에서 아름다움의 창조로

아름다움을 표현하는 것은 본래 모방을 전제로 하는 일입니다. 베아트리체의 아름다움이나 섬의 아름다움 같은 것들을 표현하는 일도 그렇습니다. 외부 세계에 존재하는 아름다움을 그림으로, 언어로, 소리로 모방하는 거라고 할 수 있습니다.

앞서 이야기했듯이 우리 조상들은 자신들이 모방할 아름다움의 대상을 이데아라고 보았습니다. 그것만이 완벽하게 아름다운 것이라고 생각했으니까요. 그들에 따르면 세상에 존재하는 것들은 각자의 이데아에 대한 복사본입니다. 작은 사과 한 알에서부터 인간 개개인, 그리고 이 세계 전체 이르기까지 말입니다. 우리가 살고 있는 이 세계는 이데아와 비교하여 볼 때 가짜에 지나지 않습니다.

그러니 그들은 이런 세계, 이런 인간을 담은 그림이나 문학을 우리처럼 아름답다고 말하지 않습니다. 아름답다고 보기는커녕, 경계해야 할 것으로 보았습니다. 그 유명한 플라톤이 대표적인데, 그는 예술가의 대표격인 시인을 이 세상에서 추방해야 한다고 주장하기까지 했습니다. 우매한 인간들이 그렇지 않아도 가짜에 둘러싸여 정신을 못 차리고 사는데 이들 예술가들이 가짜를 모방해서 사람들을 더 헷갈리게 만든다는 거죠. 물론 이때 플라톤이 말한 시인은 오늘날과 같은 개인의 감정을 표현하는 서정 시인을 말하는 게 아니라 이야기를 풀어내는 작가들을 뜻하긴 했지만요.

하지만 그렇다고 그만 둘 인간들이 아니지요. 이런 불가능은 오히려 인간들의 도전정신을 자극합니다. 많은 예술가들이 이데아를 구현하기 위한 노정을 감행합니다. 이들의 시도에 사용하면 좋을 단어가 바로 '재현', 그리고 '모방'입니다. 이쯤 되면 왜 '재현'이라는 단어에 반복을 의미하는 '재(再)'라는 글자가 사용되었는지 짐작하시겠지요. 즉, 예술가들이 하고자 했던 것은 보이지는 않지만 어딘가에 분명히 존재하는 아름답고 완벽하며 영원한 이데아를 드러나게 하는 일입니다. 그것이 절대로 이데아 그 자체가 될 수는 없다 할지라도, 이데아의 모방, 이데아의 재현에 불과할지라도 말입니다.

원을 제대로 그리려고 몇 번이고 지우고 다시 그렸던 어릴 시절을 떠올려 보시면 됩니다. 어떤 형태를 원하는지 정확히 알지는 못하지만 이건 아니다 싶어서 몇 번이고 덧칠하다 망친 미술 시간의 수채화도 마찬가지구요. 의식하지 못하지만 완벽하고 정확한 어떤 상(像)을 갖고 있기 때문에 생기는 일이지요.

이러한 이상적인 상을 그려내고 싶은 욕구를 모방 충동이라고 합니다. 플라톤의 제자인 아리스토텔레스는 이 모방 충동을 인간의 고유한 충동으로 이해했습니다. 뿐만 아니라 모방 혹은 재현을 하면서 쾌감을 느끼고, 이러한 모방 충동 덕분에 학습하고 성장해간다고 보았지요. 플라톤과 달리 아리스토텔리스가 이처럼 모방, 혹은 재현을 긍정적으로 볼 수 있었던 것은 예술가들이 모방하는 게 단순히 겉모습은 아니라고 보았기 때문입니니다. 그는 예술가들이 모방하고 재현하려는 것이 영원하고 완벽한 본질, 즉 이데아라고 보았습니다.

오늘날 우리에게 모방이란 그다지 긍정적인 행위가 아닙니다. 개인의 독자성, 즉 개성이 중요한 시대이니만큼 모방은 그저 자기의 고유한 생각이나 의도 없이 남이 이미 만들어 놓은 것을 따라하는 것에 지나지 않는다는 거죠. 그런 관점으로 보자면 이데아를 모방하고자 했던 옛날 예술가들의 작업은 창조와는 거리가 먼 것 같습니다. 세상에 존재하지 않던 것을 완전히 새로 만들어 내는 게 아니니까요.

하지만 아름답고 완벽한 대상을 아름답고 완벽하게 재현하고자 하는 욕망은 무에서 유를 만들어 내는 창조와 아주 가까이 있습니다. 모방이나 재현이라는 말이 나올 때마다 단골로 등장하는 화가들의 이야기가 이를 잘 보여줍니다. 진짜인 줄 알고 참새가 쪼아 먹으려 한 포도 그림이나, 살아있는 숫말이 구애했다는 암말의 그림이나, 구렁이 그림을 나무에 걸쳐놓았더니 새들이 얼씬도 하지 않더라는 이야기는 자연과 구분되지 않을 정도로 완벽한 재현과 모방에 대한 인간의 욕망을 잘 보여주는 이야기들입니다. 이런 이야기는 그리스에만 있었던 게 아닙니다. 통일 신라 시대의 그 유명한 솔거의 소나무도 비슷한 이야기입니다.

이러한 이야기에서 그림은 인간이 자연을 모방하여 재현해낸 인공물이지만 신이 창조한 자연물과 구분되지 않습니다. 심지어 새나 말 같은 자연까지도 인간이 만들어 낸 모조품에 속아 넘어가기까지 하죠. 자신이 조각한 여인상과 사랑에 빠지는 피그말리온은 그 극단적인 예입니다. 결국 피그말리온의 사랑이 신에게 받아들여져 그 조각은 인간으로 변하고 사랑의 결실을 맺게 된다는 이야기는 완벽한 모방이 창조에 가까워진다는 것을 보여주는 게 아닐까요?

물론, 시는 그림이나 소설이 하는 것과 같은 방식으로 대상을 재현하지 않습니다. 어떤 것이 더 어렵다고 말하기는 어렵지만, 시가 추구하는 방식은 각별히 어려운 것 같습니다. 재현, 혹은 모방이라는 말 자체에 이미 시각화한다는 뜻이 포함되어 있으니까요. 그러니 언어를 이용하여 머릿속에 이미지를 떠올리도록 만들어야 하는 일은 만만치 않습니다. 소설처럼 자세하게 묘사하는 방법을 쓰다가는 시가 아니라 소설이 되어버릴 테고, 그림이나 사진처럼 이미지를 직접 사용할 수도 없으니 말입니다.

시로서 대상을 재현하는 일이 어려운 가장 근본적인 원인은 언어가 의미를 전달하는 도구로 여겨진다는 데 있습니다. 우리가 아무리 바닷가에서 경험했던 감각들을 생생하게 전달하려고 심혈을 기울여도 읽는 사람은 그 상황을 머릿속에 구체적으로 떠올리기보다는 의미만 파악하고 말기 일쑤입니다. 아, 바닷가 풍경을 표현하고 있구나, 하고 맙니다. 게다가 냄새며 움직임까지 동시에 경험할 수 있는 4D 기술이나 증강현실이 개발되고 있는 오늘날, 굳이 우리의 머릿속 극장을 가동할 수고는 점점 필요 없어지고 있습니다.

시인들은 자신들의 언어에서 곶감 빼먹듯이 의미만 쏙 빼먹기를 바라지는 않습니다. 그들은 자신들의 언어가 의미를 전달하는 것에서 더 나아가 자신들이 보았던 아름다움, 놀라움을 독자들도 똑같이 경험하기를 바랍니다.

예를 들어 볼까요? '하늘'이라는 단어가 무엇을 가리키는 말인지 우리는 알고 있습니다. 그러나 시인들은 이러한 말에서 독자가 실제 파란 하늘을 보기를 소망합니다. 그리고 실제 하늘을 바라볼 때 떠오르는 느낌이나 드는 생각, 그로부터 확장되고 심화되어 나가는 입장이나 태도 일체를 아우르는 총체적인 정신 작용이 작동하기를 바랍니다. 화가들이 그림을 그리면서도 자신의 그림이 그림 이상의 것이 되기를 바랐던 것처럼, 시인들은 언어를 사용하면서 언어 이상의 것이 되기를 소망한 것이지요.

언어가 과연 이런 일을 할 수 있을까요? 언어의 힘을 믿는 사람들은 그런 시절이 있었다고 가정합니다. 언어가 생겨난 지 얼마 되지 않았던 때 언어는 그 대상과 아주 밀착되어 있었고, 그래서 그때는 '하늘'이라는 단어만 봐도 실제 하늘을 바라보면서 우리가 겪을 법한 일들을 경험할 수 있었다는 거죠. 즉, 언어는 단순히 무엇인가를 지시하는 것에 그치지 않고, 그 대상을 사실처럼 생생하게 체험하게 만들고, 그래서 감정을 불러일으키고, 생각을 바꾸게 할 수도 있다고 본 겁니다. 시간이 흐르면서 언어는 그 모든 힘을 잃고 오로지 그저 대상을 지시하는 기능, 추상적인 개념만을 갖게 됩니다.

언어가 실제 이런 역사를 거쳐 왔는지 증명할 수는 없지만 이해할 수는 있습니다. '사랑해'라는 말이 힘을 잃어가는 과정을 떠올려보면 말이죠. 사랑을 처음 시작할 때 우리는 상대의 입에서 이 한 마디가 흘러나오기를 얼마나 고대하나요. 드디어 그 한 마디를 듣게 된 순간의 황홀함을 기억할 겁니다. 그리고 한 동안은 그 말이 힘을 발휘하지요. 상대방에게 서운하거나 화가 나 있다가도 '사랑해'라는 말 한 마디면 모든 게 괜찮아지던 시절이 있습니다. 힘들고 외로울 때 사랑하는 사람이 건네는 '사랑해'라는 말 한 마디는 포옹만큼이나 우리를 따뜻하게 하지요. 그러나 그 시기가 지나면 '사랑해'라는 말은 '배고파'라는 말보다도 무의미한 말이 되어 버립니다.

'사랑해'라는 말만 들어도 경험할 수 있었던 두근거림이나 설렘을 되살리는 것, 뻔하고 습관적이고 상투적인 말이 되었다가 그저 개념이 되고 심지어 상황모면을 위한 아첨이라는 뉘앙스까지 갖게 된 이 말을 하나의 특별한 사건으로 경험할 수 있게 만드는 것, 그것이 바로 시를 쓰고자 하는 사람들이 모든 언어를 대상으로 실현하고자 하는 일이고, 시를 읽는 사람들이 시의 언어에서 기대하는 일입니다.

3 온전한 나로 존재하기

가. 순간의 아름다움과 영원의 완전함 사이에서

아름다움과 시에 대한 이야기를 조금 더 해보겠습니다. 진리이자 완전하고 순수한 본질 그 자체인 이데아로부터 독립을 얻은 아름다움은 어떻게 되었을까요? 순간과 결합합니다. 즉, 우리는 영원하고 완전무결한 것 말고 순간적이고 사라지기 쉽고 붙잡기 힘든 것도 아름답다고 여기게 됩니다. 그리고 이 순간적인 아름다움을 포착하고 싶어 하는 욕망도 갖게 됩니다.

그러고 보니 포착(捕捉)이라는 단어가 예사롭지 않습니다. '사로잡을 포(捕)', '잡을 착(捉)'이라는 두 개의 한자어로 이루어진 이 단어는 나타났다가 금방 사라지는 것, 그래서 붙잡기 힘든 것들을 주로 목적어로 갖습니다. '순간을 포착하다', '현장을 포착하다', '기회를 포착하다'처럼 말이죠. '책상을 포착하다', '달리는 망아지를 포착하다'라고는 말하지 않지요. 이 단어가 암시하듯, 순간적인 아름다움은 한 번 사라지면 다시 볼 수 없기 때문에 영원히 붙잡아두고 싶은 마음을 생겨나게 합니다 화가를 시켜 사랑하는 연인을 초상화로 남기고 싶어 하던 옛날 권세가의 마음이나 한창 아름다울 때의 모습을 사진으로 남기고 싶어 하는 현대 여성의 마음은 그리 다른 게 아닐 지도 모릅니다.

그러나 '포착하다'라는 단어는 순간적으로 나타났다 사라지는 것만을 목적어로 하지는 않습니다. '영원을 포착하다'라는 말도 많이 쓰니까요. 이는 순간적인 아름다움이 영원한 것과 연결되어 있음을 시사합니다.

별똥 떨어진 곳
마음에 두었다
다음날 가보려
벼르다 벼르다
이젠 다 자랐오

정지용, 〈별똥〉

동시 같기도 하고 아닌 거 같기도 한 이 시는 정지용의 작품입니다. 이 시에서 다루고 있는 '별똥'만큼 찰나의 아름다움을 잘 보여주는 것이 또 있을까요. 별똥별을 본 적이 있는 분들은 잘 알 겁니다. 그 아름다움은 순식간에, 그러나 너무도 강렬하게 출현합니다. 그리고 이내 흔적도 없이 사라집니다. 그런 점에서 별똥별은 순간적인 아름다움 그 자체를, 별똥을 보는 일은 그 아름다움의 순간성을 경험하는 것을 의미한다고도 할 수 있을 겁니다.

시를 읽는 일은 별똥별 떨어진 곳을 마음에 두는 일, 그리고 시를 쓰는 일은 별똥별 떨어진 곳을 찾아가는 일에 비유할 수 있을까요? 순식간에 나타났다가 사라져 버린 아름다움을 잊지 못하고 또 잊지 않기 위해 그 비슷한 감성을 담은 시를 찾아 읽고, 또 그러다가 작정하고 스스로 그 아름다움을 표현하는 거지요.

물론, 먹고 살기도 바쁜데 그런 감상에 빠질 틈이 어디 있느냐고, 그런 건 사치이고 호사라고 말하는 사람들도 있습니다. 하지만 그런 말을 하는 사람들은 허세를 부리고 있는 게 아니면 거짓말을 하는 건지도 모릅니다. 한 번도 본 적이 없다면 모를까 한 번이라도 별똥별을 보았다면 잊을 수 없기 때문입니다. 그래서 어떤 방식으로든 그 미감을 다시 느끼고 싶어 합니다.

그렇게 본다면 별똥별은 오히려 떨어짐으로써 영원한 것이 되었다고 할 수도 있습니다. 우주의 시간만큼이나 오래 동안 하늘 저 멀리서 빛나기 때문에 영원한 것이 아니라 땅에 떨어져 사라져 버렸기 때문에 우리의 마음속에 영원히 존재하게 된 것이란 말입니다.

순간적이고 찰나적인 아름다움이 영원한 것과 연관되어 있음을 흥미롭게 보여주는 영화가 있습니다. <베를린 천사의 시>라는 영화에서 천사 다니엘은 인간이 되기를 선택합니다. 달리 보면, 그가 선택한 것은 영원한 생명을 포기하는 것, 즉 순간을 선택한 것이었지요.

천사 다니엘은 마리오의 거울에 비친 상 같습니다. 아름다움에 끌린다는 점, 특히 아름다운 여인에게 끌린다는 점에서 두 사람은 비슷합니다. 하지만 다니엘은 마리오와 정확히 반대 방향을 향해 움직입니다. 즉, 다니엘은 아름다운 여인 마리온에게 첫눈에 반했기 때문에 영원한 천상의 세계에서 순간적이고 찰라적인 인간의 세계로 내려오기를 결심한 반면, 마리오는 베아트리체에게 첫눈에 반했기 때문에 어부의 세계로 표현되는 육체적이며 감각적인 생활 세계에서 정신적이고도 영원을 추구하는 시인의 세계로 옮겨 오지요.

하지만 다니엘이 인간이 되기로 결심한 데에는 보다 근본적인 욕망이 있습니다. 마리온과의 만남은 그 계기가 되었을 뿐입니다. 인간이 경험하는 아름다움을 경험하고 싶어 하는 마음이 큽니다. 천사이기 때문에 만질 수도, 맛볼 수도, 냄새 맡을 수도 없다는 사실을 늘 아쉬워하고 있었거든요. 인간이 된 후 그가 가장 먼저 한 일이 길거리 카페에서 커피를 마시고 담배를 얻어 피우고, 지나가는 아이들에게 담장에 그려진 낙서가 무슨 색깔인지 물어 보았다는 사실은 이를 잘 말해줍니다. 그러니 마리온에게 매력을 느낀 후 그런 욕망이 더 커졌으리라는 것은 예측가능한 일입니다. 사랑하는 사람이 생기면 그를 어루만지고, 숨결을 느끼고, 체온을 느끼고 싶어지는 게 자연스러운 일니까요.

다니엘의 선택은 초월적이고 영원한 세계의 완벽한 아름다움 대신 순간적이고 감각적인 이 세계의 아름다움에 한 표를 던지고 있는 것처럼 보입니다. 그러나 그가 천사 출신이라는 점은 문제를 훨씬 복잡하게 만듭니다. 그는 결코 감각적이고 순간적인 아름다움에만 만족하지 못할 것입니다. 그의 또 다른 뿌리는 영원한 이데아에 닿아 있으니까요. 다니엘의 이런 모습은 어쩌면 영원을 꿈꾸면서도 영원으로부터 자유로워지고 싶어 하는 우리의 속성을 대변하고 있는 건지도 모르겠습니다.

순간의 아름다움을 중요하게 생각한 사람이 또 한 사람 있습니다. 바로 <죽은 시인의 사회>의 영원한 캡틴, 키팅 선생님입니다. 사립 명문고에 부임하여 치열한 입시 전쟁에 시들어 가는 소년들에게 시를 가르치면서 벌어지는 일을 다룬 영화죠.

영화 초반에 키팅 선생님은 학생들에게 '카르페 디엠(Carpe Diem)'에 대해 이야기합니다. 고대 로마 시대의 시인 호라티우스의 다음과 같은 시에서 유래된 이 말은 '현재를 잡아라(seize the day)'라는 뜻이라고 합니다.

> 알려고 묻지 말게, 안다는 건 불경한 일, 신들이 나에게나 그대에게나 무슨 운명을 주었는지,
> 레우코노에여, 점을 치려고도 하지 말게.
> 더 나은 일은, 미래가 어떠하든, 주어진 대로 겪어내는 것이라네.
> 유피테르 신께서 그대에게 주시는 게, 더 많은 겨울이든, 마지막 겨울이든.
> 지금 이 순간에도 티레니아해의 파도는 맞은 편의 바위를 깎고 있네.
> 현명하게나, 포도주는 그만 익혀 따르고, 짧은 인생, 먼 미래로의 기대는 줄이게.
> 지금 우리가 말하는 동안에도, 인생의 시간은 우릴 시기하며 흐른다네.
> *제때에 거두어 들이게*, 미래에 대한 믿음은 최소한으로 해두고.
>
> 호라티우스, 〈송가〉 부분

이 시는 인간의 유한함을 부정하지 않습니다. 오히려 인간의 유한함을 인정하기 때문에 "제때에 거두어 들이게(카르페 디엠)"라고 이야기합니다. 또한 인간의 무력함도 인정합니다. 흘러가는 시간과 거대한 자연의 공모에 대해 인간이 할 수 있는 것은 아무 것도 없습니다. 미래를 가늠하거나 계획하는 일, 영원을 추구하는 일이 무슨 소용이 있을까요. 다만, 인간의 유한함과 무력함을 받아들이고, 그 한계 안에서 최대한 지금 이 순간(here and now)에 집중하여 살아가는 것만이 우리의 할 수 있는 일이라고 말합니다.

키팅 선생이 학생들에게 이런 시들을 소개해주는 이유는 자명하죠. 좋은 직장, 높은 연봉, 보다 나은 사회적 지위를 꿈꾸며 현재를 포기한 채 살아가는 소년들이 안타까웠던 거죠. 그는 학생들과의 첫 만남에서 그들을 학교 명예의 전당에 데리고 갑니다. 거기에는 수줍

고 앳되지만 미래에 대한 꿈과 기대에 가득 찬 소년들의 사진이 걸려 있습니다. 그들의 선배 졸업생입니다. 그리고 키팅 선생님은 학생들에게 묻습니다. 그들은 지금쯤 어디에서 무엇을 하고 있을까?

이 질문은 우리에게도 유효합니다. 지금으로부터 30년 후 우리들은 어디에서 어떤 모습으로 살고 있을까요? 살아 있기는 할까요? 어쩌면 진즉에 구더기의 먹이가 되어 차가운 땅속에 백골로 누워 있을지도 모릅니다. 30년 후가 다 뭐예요. 당장 한 치 앞도 알 수 없는 것이 사람의 일인데…. 바로 이러한 이유 때문에 키팅 선생님은 시를 읽고 써야 한다고 말합니다. 도대체 무슨 뜻일까요?

나. 우리 존재의 목적은 무엇인가

우리는 좋은 직장, 좋은 학벌, 높은 사회적 지위를 얻기 위해 현재를 기꺼이 희생하기로 합니다. 그렇다고 현재가 아깝지 않다고 생각하는 건 아닙니다. 아니, 오히려 아주 귀하고 값진 것임을 잘 알죠. 누군들 현재를 놓치고 싶을까요. 취업 준비 대신 여행도 마음껏 하고 싶고, 영어 공부 걱정 안 하고 읽고 싶은 책 읽고, 연애도 하고 싶죠. 아무런 목적 없이 시간을 보내고도 싶습니다.

하지만 우리가 원하는 미래는 공짜로 주어지지 않으며 값비싼 대가를 치러야 한다는 것도 우리는 알고 있습니다. 그렇다면 우리가 대가로 치를 만한 것이 무엇이 있을까요? 우리가 가진 것 중에 그만한 가치를 가진 것은 우리의 삶, 우리의 시간, 우리의 현재 밖에 없습니다. 그래서 우리는 과감한 투자를 결정합니다.

위험부담이 아주 큰 투자입니다. 투자자인 우리에게 절대적으로

불리한 투자입니다. 일종의 도박이죠. 이 투자가 성공할 가능성도 극히 미약하지만 성공한다고 해도 우리는 소중한 것을 잃을 수밖에 없으니까요. 그 소중한 것이 무엇인지는 키팅 선생의 말을 참고로 생각해보죠.

> 시가 아름다워서 읽고 쓰는 게 아니다. 인류의 일원이기 때문에 시를 읽고 쓰는 것이다. 인류는 열정으로 가득 차 있어. 법률, 의학, 경제, 기술은 삶을 유지하는데 필요한 것이다. 하지만, 시, 낭만, 아름다움, 사랑은 삶의 목적이다.

시를 읽고 쓰는 이유에 대해 학생들에게 직접적으로 이야기하고 있는 부분입니다. 그가 시를 읽고 써야 하는 이유로 강조한 것은 한마디로 인간다움을 위해서라고 할 수 있습니다. 모름지기 인간이라면 시를 쓰고 읽어야 한다, 혹은 시를 쓰고 읽어야 인간다워질 수 있다는 말이 되겠네요.

어떻게 시를 읽고 쓰는 것이 인간다움과 삶의 목적이 될 수 있다는 걸까요? 이 다소 과격하고도 극단적인 말을 설명하면서 키팅 선생은 삶을 이루는 요소를 두 가지로 구분합니다. 하나는 삶에 필요한 것들입니다. 법률, 의학, 경제, 기술 등이 여기에 속합니다. 다른 하나는 삶의 목적 그 자체에 해당하는 것들입니다. 시는 아름다움, 낭만, 사랑과 함께 삶의 목적이라고 말합니다. 즉, 시, 아름다움, 낭만, 사랑이 우리를 '인류의 일원'이 되게 해준다는 말입니다.

두 가지 가운데 어느 것이 더 중요할까요? 우리가 자주 하는 질문이죠. 하지만 어리석은 질문입니다. 때때로 삶의 수단들은 수단일 뿐이라고 말하지만, 사실 돈이나 법과 사회적 질서, 과학 기술과 의학 기술이 없으면 삶을 제대로 이어가는 게 불가능합니다. 그러니 삶의 수단들도 결코 가볍게 볼 것은 아닙니다. 문제는 수단과 목적이 바뀌어 버리는 경우입니다. 혹은 삶의 수단을 목적으로 삼아버리는 경우입니다. 삶을 잘 살아가기 위해 필요한 것들이 어느새 그 자체로 삶의 목적이 되어버릴 때, 우리는 우리 자신을 잃고 무엇인가의 노예가 되어버립니다. 시간의 노예, 돈의 노예, 체면과 성공의 노예가 되어버립니다. 그러니까 미래를 위한 삶을 살게 되면 잃게 되는 것은 그저 현재의 시간만이 아니라는 거죠. 시, 사랑, 아름다움, 낭만같은 인간다움 또한 잃게 됩니다.

그렇다면 어떻게 시를 읽고 쓰는 일이 우리 삶의 목적을, 우리의 자유와 우리의 존재를 지켜줄 수 있다는 걸까요? 그 방법에 대해 따져보기 전에 먼저 이해할 게 있습니다. 삶의 목적이라는 것 말입니다. 내 삶의 목적은 무엇인가, 그런 생각을 해본 적이 있나요? 그런 거창한 생각은 해본 적이 없다고요? 글쎄요. 그건 거창한 생각이 아닙니다. '도대체 나는 왜 사나?', '나는 왜 태어났나?', '나는 여기에서 뭔가?' 같은 투박한 질문들이 바로 삶의 목적에 대해 묻는 질문이 아닐까요? 이런 의문은 주로 일이 잘 안 풀릴 때 떠오르죠. 사춘기 때는 부모님이나 선생님께 꾸중을 듣고 나서, 사회에 나와서는 업무 처리를 잘 못하거나 하는 일마다 실패할 때, 그리고 아무도 날 좋아하거나 사랑하지 않는다고 느낄 때 우리 마음속에는 이런 의문들이 자연스럽게 떠오릅니다. 우리 존재의 목적에 대한 질문이죠.

우리가 존재하지 않았을 수도 있다고 생각하면 이런 질문은 아주 진지한 것이 됩니다. 우리가 존재하지 않았을 수도 있을까요? 물론입니다. 존재하지 않는 다른 모든 것처럼, 혹은 존재하다가 이미 사라져버린 것들처럼 말입니다. 설사 존재한다고 해도 지금의 내가 아니라 다른 사람으로, 사람이 아니라 지렁이나 한해살이풀로 존재했을 수도 있습니다. 아니면 아예 토성의 고리를 이루는 우주 먼지로 존재했을 수도 있겠지요. 그런 생각을 해보면 우리가 지금 여기 존재한다는 사실은, 그리고 지금의 나의 모습으로 존재한다는 사실은 더 이상 당연한 것이 아닙니다. 기적입니다. 불치병이 낫는다거나 죽었다 살아나는 것 같은 특별한 사건만이 기적이 아닙니다. 오히려 우리가 존재한다는 것이, 다른 무엇도 아닌 바로 지금의 나로 이 순간에 존재하고 있다는 그 사실이야말로 기적이지요.

이런 인식이 있고 나면 자연스럽게 나의 존재의 목적에 대한 질문이 이어집니다. 지금 내가 여기에서 이런 모습으로 존재하게 된 이유는 뭘까. 내가 원해서 내 의지로 여기에 존재하는 게 아니니 '존재하게 되었다'는 피동형을 쓰는 것이 정확한 표현일 겁니다. 내가 나로서 존재하는 이유, 이것이 바로 삶의 목적이 뜻하는 바입니다.

한 번 생각해 보죠. 우리는 어떤 이유 때문에 지금 여기에 이런 모습으로 존재하게 된 거라고 생각하시나요? 행복하려고? 훌륭한 사람이 되어 인류에 기여하려고? 부모님을 행복하게 해드리려고? 아니면, 아예 삶의 목적, 존재의 의미 같은 것은 없다고 생각할 수도 있습니다. 나의 존재는 나의 의지나 선택과 무관한 만큼 거기에는 어떠한 이유나 목적도 없고, 그저 우연한 사건에 불과하다고요. 내 스스로 존재하기를 선택한 게 아니니 존재하기를 그만두는 것 또한 내 의지는 아니며, 그래서 그냥 계속 존재하는 것뿐이라고요.

키팅 선생님이 학생들에게 들려준 또 한편의 시에는 이런 고민이 잘 나타나 있습니다. 그리고 그에 대한 나름의 대답도 하고 있지요.

오, 나여, 오 삶이여!
끊임없이 반복되는 다음과 같은 의문들
믿음없는 자들의 끝없는 행렬에 대한,
어리석은 자들로 가득 찬 도시에 대한,
나 자신을 영원히 자책하는 나에 대한
…중략…
공허하고 쓸모없는 남은 생에 대한
나를 얽어매는 그 남은 시간들에 대한
오 나여! 반복되는 너무 슬픈 의문–여기에서 어떤 의미를 찾을 수 있는가?
오, 나여, 오, 삶이여!
답은 바로 이것
네가 여기에 있다는 것,
삶이 존재하고 자신이 존재하고 있다는 것,
장엄한 연극은 계속되고
너 또한 한 편의 시가 될 수 있다는 것

월터 휘트만, 류시화 옮김, 〈오, 나여! 오, 삶이여!〉

위의 시는 우리 삶의 목적을 "삶이 존재하고 자신이 존재하고 있다는 것"에서 찾습니다. 왠지 동어반복 같고 말장난 같습니다. 그러나, 우리가 존재하지 않았을 수도 있다고 한다면, 존재하는 것이야말로 우리 삶에서 가장 중요하고 본질적인 목적이 아닐까요? 단, 어떻게 존재하는가가 중요하겠지요. 그런 의문을 갖고 마지막 구절에 주목할 필요가 있습니다. 우리는 존재함으로써 한 편의 시가 될 수 있다는 거죠. "시, 낭만, 아름다움, 사랑"이 삶의 목적이라고 했던 키팅 선생님의 말과도 통하는 말입니다. 키팅 선생님은 그리고 학생들에게 이렇게 묻습니다. "과연 여러분의 시는 어떤 것이 될까?"

다. 나 자신이 시가 된다는 것의 의미

우리가 시가 되기 위해 존재한다고요? 어떤 시가 될 것이냐는 물음에 대해 생각해보기 전에 먼저 우리가 시가 된다는 것이 무슨 뜻인지 생각해보아야 할 것 같습니다. 그리고 그것이 어째서 사랑, 낭만, 아름다움과 연결된다는 건지도요.

우리는 유한하고 불완전합니다. 그래서 죽고 나면 모두 한낱 잿가루로 사라져버립니다. 우리의 공포이자 한계입니다. 하지만 사실 죽은 후의 일은 어찌 될 지 우리가 알 바 아닙니다. 그것은 신의 영역이며 자연이 관장하는 일입니다. 우리가 할 수 있는 일이라고는 사는 것밖에 없습니다. 또 한 가지 우리가 할 수 있는 일이 있다면 어떻게 살 지를 선택하는 것입니다. 그 가운데 하나가 바로 사는 동안 최대한 아름답고 완전한 우리 자신으로서 존재하는 것입니다. 그것만이 우리의 의지로, 우리의 노력으로 얻을 수 있는 일입니다. 물론 그러지 않기를 선택할 권리도 있습니다. 그건 각자의 몫입니다.

미자 할머니는 최대한 아름답게 존재하기를 선택합니다. 예쁜 것을 좋아하고 멋을 부리는 것은 단순한 허영이 아닙니다. 시를 쓰고 싶어 하는 것도 마찬가지입니다. 그녀는 그냥 존재하는 게 아니라 아름답게 존재하고 싶은 것입니다. 자신이 아름다운 존재임을 한시도 잊어본 적이 없기 때문입니다. 먹고 사는 일 때문에 자신의 삶을 비천하고 비참하게 만들고 싶지 않은 거죠. 곱게 자신을 단장하고 꽃을 가까이 하는 것은 생활 속에서 실천할 수 있는, 어쩌면 가장 쉽게 아름다운 존재가 되는 방법입니다. 그러한 소소한 행위들은 자신이 아름다운 존재임을 망각하지 않기 위한 일종의 의식 같은 건지도 모릅니다.

아름답게 존재하기 위해 우리도 많은 노력을 기울이고 있습니다. 돈이 있으면 아름다움을 살 수도 있습니다. 금새 사라지는 별 대신 영원히 반짝거리는 다이아몬드 목걸이를 사고, 삶의 목적을 찾기 위해 여행을 떠나기도 합니다. 돈이 조금 더 많다면 젊음의 아름다움도 살 수 있지요. 기술의 발달로 더 많은 아름다움을, 더 빠르게, 완벽히 소유할 수 있는 세상이 열린 것 같습니다.

문제는 이런 방식에는 '나'가 개입할 여지가 없다는 것입니다. 내가 돈을 주고 사고, 내가 사진을 찍고, 내가 내 블로그에 전시한다고 해도 그 아름다움은 '나'에게서 나온 것이 아닙니다. 우리는 흔히 패션으로, 또는 독특한 문화적 취향으로 나의 개성을 표현한다고 생각합니다. 한정판으로 디자인된 가방을 찾고, 수공으로 소량 생산된 빈티지한 다이어리를 사용하며, 외국 여행을 다니며 하나하나 사 모은 소품으로 집안을 장식합니다. 여기에는 나의 삶을 아름답게 만들고자 하는 욕망과 동시에 다른 사람과 나를 구별짓고 내가 나임을 드러내고 싶어하는 개성에의 욕구가 작동합니다. 실용성보다는 디자인이 더 중요한 시대에 희소성 그 자체가 개성과 동의어가 되기도 합니다.

그러나 디자인과 희소성은 나의 외부에서 만들어진 것입니다. 그 목적도 분명합니다. 아름다움을 상품으로 만들어 사람들이 소비하도록 만들기 위한 것 이상도 이하도 아닙니다. 그들은 우리 자신의 존재, 우리의 삶의 목적 따위에는 관심이 없습니다. 우리가 우리 자신으로서 존재하도록 도울 수 있다는 감언이설로 물건을 사게 만들 뿐입니다. 그 뿐이 아닙니다. 무엇을 아름답다고 할 것인가 하는 생각까지도 만들어 냅니다. 그리고 이런 생각들을 매우 빠른 속도로 바꿔 나갑니다. 사람들이 마침내 마음에 드는 아름다움을 찾았다고 만족해 버리면 더 이상 상품을 팔 수 없기 때문입니다. 이런 방식으로 존재하는 나는 '소비자로서의 나'일 뿐입니다. 나의 한 부분에 불과한 거죠.

그렇다면 우리 자신이 한 편의 시가 된다는 것은 무슨 뜻일까요? 이 말을 이해하기 위해 이제까지 살펴보았던 시의 모든 특징들을 다시 떠올려 보는 게 도움이 되겠습니다. 시는 우선 감정을 표현한다고 했습니다. 그리고 완전무결한 이데아를 모방하거나 순간적인 아름다움을 포착한다고도 했습니다. 이를 따로 분리해서 설명했지만, 시는 이 모든 것을 동시에 구현합니다. 그것도 우리 자신의 내면 깊은 곳에 뿌리내린 채 말입니다.

시의 이런 특징을 생각해보면 우리 자신이 한 편의 시가 된다는 말은 남의 것이 아닌 바로 나 자신의 감정이 살아 움직이는 존재, 순간을 살아가면서도 끊임없이 아름다움을 추구하며 영원한 이데아에 접촉하는 존재가 된다는 뜻이 됩니다.

이는 우리 자신을 재료로 삼아서 이루어지는 일입니다. 진흙덩어리에서 존재를 창조해내는 것에 비유할 수 있을까요? 형체가 정해지지 않은 덩어리를 갖고 아무런 지침이나 설계도도 없이 오로지 내 힘만으로 나의 존재를 빚어내는 거죠. 이는 태초에 신이 우리 인간을 진흙으로 빚은 창조에 비견할 만한 일입니다. 신이 인간을 창조했지만 그것을 아름답게 완성하는 몫은 우리 자신에게 남겨진 것이지요.

시를 읽고 쓸 때 경험하는 일은 이와 아주 유사합니다. 시를 쓰기 위해서는 자신의 감정에 집중해야 하고 또 순간적인 아름다움을 포착할 수 있어야 합니다. 많은 시간과 지속적인 관심과 에너지가 드는 일이죠. 미자 할머니는 시 창작 수업을 듣고 나서부터 자주 발걸음을 멈춥니다. 꽃송이를 들여다보려고, 불어오는 바람소리와 새소리를 들으려고 말이죠. 아름다움을 발견하기 위한 과정입니다. 네루다가 마리오에게 시를 쓰는 방법으로 가르쳐준 것도 이것이었습니다. 직접 바닷가를 걸어보라는 겁니다. 그 충고를 따라 마리오는 시간을 내서 바닷가를 천천히 걸어봅니다. 낭만과 사랑이 없으면 어려운 일입니다.

아주 쉽고 단순한 것처럼 보이지만 실제로 해보면 결코 쉽지 않은 일들입니다. 내일까지 제출해야 할 보고서 때문에, 복잡한 인간관계 때문에, 돈 걱정 때문에 우리 머릿속은 너무 복잡하고 우리 시간은 언제나 부족합니다. 아름다움을 알아보지 못한다면, 사랑과 낭만을 느낄 수 없다면, 돈이나 권력이 있어도 할 수 없는 일입니다. 게다가 우리는 점점 우리만의 아름다움을 발견하고 표현하는 능력을 잃어가고 있습니다.

사실 아름다움을 느끼는 것부터가 쉽지 않은 일입니다. 꽃이 예쁘다는 사실을 아는 것과 꽃이 아름답다는 것을 체험하는 일은 완전히 다릅니다. 배고픔이 무엇인지 안다는 것과 배고픔을 느끼는 게 다르듯이 말입니다. 앎의 대상은 개념이고, 아름다움은 체험의 대상입니다. 아름다움은 매우 직접적이고 개별적으로 체험되는 것입니다. 늘 보던 하늘이 어떤 날은 아름답다고 느껴지지만 어떤 날은 특별한 감흥을 주지 않을 때도 있습니다. 나에게는 너무 아름답게 보이는 나무 탁자가 다른 사람에게는 그저 낡은 탁자로 보이기도 합니다. 아름다움이 직접적이고 개별적인 체험이라는 것은 그런 뜻입니다.

개념은 아름다움을 체험하지 못하게 방해하곤 합니다. 아이러니하게도 무엇을 아름답다고 여기는가 하는 개념은 더욱 그렇습니다. 어떤 대상이 아름다운 대상이라는 개념을 갖고 있다면 그것을 아는 것으로 만족하기 때문에 그 대상의 아름다움을 직접 체험하지 못합니다. 반대로 그 대상이 아름다운 대상이 아니라는 개념을 미리 갖고 있어도 그 대상을 아름다운 것으로 체험하기 어렵습니다. 꽃이 아름답다는 것을 알기 때문에 꽃이 아름다운 것을 체험하기 어렵고, 낡은 신발이 아름답지 않다는 것을 알기 때문에 낡은 신발의 아름다움을 발견하기 어렵다는 말입니다.

시는 개념에 얽매이지 않고, 개념을 거슬러 모든 사물을 새롭게 발견하는 과정을 거칩니다. 이 과정에서 활성화되는 것은 바로 나 자신입니다. 모두가 이미 알고 있다고 생각하는 것을 다시 돌아보고 거기에서 아름다움을 발견하는 것은 오로지 나의 판단과 나의 주관에 의해 가능합니다. 그처럼 새로 생각하고 발견하려면 많은 시간과 에너지가 듭니다. 사랑과 관심이 없으면 불가능한 일이지요. 따라서 시를 읽고 쓰기 위한 시간을 낸다는 것은 꽉 찬 우리의 머릿속에, 한껏 쪼그라든 우리의 시간에 조그마한 틈을 열고 아름다움과 사랑, 낭만의 숨결을 불어넣어주는 일입니다.

시를 읽고 쓰는 행위는 우리의 삶 자체를 아름답게 창조해 가는 과정에 대한 비유이면서 동시에 그 자체가 우리의 삶을 목적으로 만드는 행위입니다. 머리로 아는 것만으로는 도달할 수 없는 과정입니다. 온 마음과 몸을 다하여 나에게 다가오는 일들을 받아들이고 통과해 내야 합니다. 나의 내면에 일었다가 가라앉는 감정들에 집중하고 함부로 판단하거나 억압하지 않아야 합니다. 나에게 밀려오는 외부의 자극들에 늘 열린 채, 그것들에서 아름다움을 읽어내야 합니다. 이 모든 일은 다른 누구의 도움 없이 오로지 내가 직접 발견하고 상상하고 이해하는 것에 의해서만 가능합니다. 그렇기 때문에 만약 우리가 시가 된다면 그 시의 색깔과 맛과 아름다움도 각기 다를 것입니다.

4 세속적인 세계로 가는 통로

가. 시는 도피처다?

이 장에서 이야기할 시의 가치나 효용은 우리와 별로 상관없다고 생각할 수도 있을 것 같습니다. 이제까지 사람들이 시를 읽고 쓰는 이유라고 이야기했던 것들은 한 가지 공통점이 있습니다. 어디까지나 우리 개인 각자에게 초점이 맞춰져 있다는 거죠. 하지만 이제 이야기할 내용은 우리를 세상으로 이끄는 길잡이, 더 적나라하게 표현하자면 저속하고 추악한 세상으로 나아가는 통로로서 시의 가치와 필요성에 대한 것입니다.

소설이라면 세상으로 나아가는 통로로 기능한다는 말을 쉽게 이해할 수 있을 겁니다. 소설은 우리가 살고 있는 세계에서 벌어지는 사건들을 소재로 취하니 소설을 읽음으로써 당대의 생활상과 인물들을 만날 수 있으니까요. 그리고 흥미롭게도 인물이건 사회상이건 소설이 그리고 있는 모습들은 대부분 타락하고 저속하며 구제할 수 없을 정도로 절망적인 경우가 대부분입니다. 대중적인 소설이 아니라면 이상적이고 정의로운 모습을 찾아보기는 어렵습니다. 어떻게 보면 실제 우리의 현실 세계 또한 너무나 속물적이고 무자비하고 또 혼돈 그 자체입니다. 아름다움이나 창조적인 것과는 전혀 거리가 멉니다.

그런 점에서 우리는 시가 소설과 다르다고 생각합니다. 즉, 시는 세상의 추악함과 정반대 자리에 위치하고 있다고 생각하는 거죠. 혹은 바로 이 추악하고 저속한 현실로부터 벗어나는 자리에 시가 있다고 생각합니다. 이제까지 시를 읽고 쓰는 이유라고 이야기한 내용들도 이런 생각에 동조하는 것처럼 보입니다.

실제로 아름다움을 추구하는 사람 중에는, 그리고 시를 좋아하는 사람 중에는 시를 이처럼 누추한 현실과는 동떨어진 것으로 보는 사람이 많습니다. 네, 맞습니다. 마치 고대 그리스인 같은 생각이지요. 전통적으로 널리 퍼진 생각이고 틀린 생각이라고 할 수도 없죠. 문제는 다른 데 있습니다. 이런 생각이 더 극단으로 흐르면, 시를 쓰기 위해서는 이 추악한 현실로부터 벗어나거나 최소한 거리를 둬야 한다고 생각하게 된다는 겁니다.

우리의 마리오도 그렇습니다. 네루다도 떠나고 베아트리체와 결혼도 하고 이제 평범한 일상을 살 일만 남았습니다. 그런데 마리오는 그러지 못합니다. 무엇보다 마을과 마을 사람들이 마음에 들지 않습니다. 무식하고 거칠고 욕심만 많다고 생각하거든요. 그들의 가난도 그들의 무지와 탐욕 때문이라고 생각합니다. 선거철만 되면 찾아와 선심성 공약을 내걸고는 당선되면 나 몰라라 하는 정치인도 신물 나고, 그런 말에 혹해서 표를 주고 매번 이용만 당하는 마을 사람들도 한심하게만 보입니다. 그래서 베아트리체의 임신 소식을 듣자마자 이렇게 말합니다. "우리는 여기를 떠나야 돼. 알아주는 사람이 없어. 너무 무식해. 파블리토는 칠레에서 시를 마시며 자라도록 합시다."

키팅 선생님의 가르침을 떠올리면서 이런 생각이 뭐가 문제냐고 생각하는 분도 계실 겁니다. 세상의 관습과 가치관을 따르기보다는 우리 자신으로서 존재하며, 아름다움과 사랑과 낭만, 그리고 시를 추구하는 삶이야말로 우리 삶의 목적이라고 했으니, 마리오가 시를 찾아 떠난다면 그보다 더 충실히 가르침을 따를 수는 없는 일이죠.

릴케라는 독일의 시인도 젊은 시인 지망생에게 이와 비슷한 충고를 합니다. 릴케의 편지글을 모아 놓은『젊은 시인에게 보내는 편지』중 하나에는 시를 쓰려고 내면에 집중하고부터 그간 알고 지내던 사람들과 거리가 멀어지는 것 같아 고민이라는 젊은 시인에게 보내는 릴케의 조언이 적혀 있습니다.

릴케는 그에 대해서 전혀 걱정할 것 없다고 말합니다. 그것이야 말로 자신의 세계가 넓어지기 시작하는 증거라고요. 그리고는 "견디기 어려운 고통이나 다른 사람들과의 사이에서 느끼는 당신의 고독에 대해서 더 많은 신뢰감을 지니도록 하십시오. 그리고 삶이 자기 길을 가도록 그냥 맡겨 두십시오. 제 말을 믿으십시오. 삶은 어떤 경우에도 올바른 것입니다."라고 말합니다. 즉, 세상과 거리를 두고 내면으로 침잠할 것을 독려하고 있습니다. 오히려 고독을 기꺼이 받아들이면 그 안에서 진정으로 옳은 길을 만날 수 있을 것이라는 게 이 말의 요지입니다. 과연 마리오가 들으면 좋아할 말이 아닐 수 없습니다.

릴케의 이런 조언에 위안을 얻을 젊은 시인이 또 있습니다. <토니오 크뢰거>라는 소설의 주인공 토니오 크뢰거입니다. 영민하고 감수성이 풍부한 이 소년은 다른 소년들처럼 축구를 하기보다는 산책을 좋아하고 승마나 항해에 대해 이야기하기보다는 혼자 시를 읽고 쓰는 것을 좋아합니다. 하지만 그는 다른 소년들처럼 지내지 못하는 것에 마음이 쓰입니다. 다음은 이 소년의 속마음입니다.

> 대체 나는 왜 이렇게 이상하게 생겨먹어서 모든 사람과 충돌하는 것일까? 왜 선생님들과는 사이가 좋지 않고, 다른 소년들 사이에 있으면 왜 서먹서먹하게 느껴지는 것일까? 저 선량한 학생들과 건전한 평범성을 갖춘 학생들을 좀 봐라! 그들은 선생님들을 우스꽝스럽다고 여기지도 않고, 시를 쓰지도 않으며, 누구나 그렇게 생각하고 큰 소리로 말할 수 있는 것만을 생각한다. 그들은 자신들이 정말 정상적이라고 느낄 것이고, 모든 세상사, 모든 세상 사람들과 진정으로 일체감을 느낄 것임에 틀림없어! 그건 정말 기분 좋은 느낌일 테지! 그러나 나라는 인간은 어떻게 된 것이지? 이 모든 게 앞으로 어떻게 되어갈 것인가?
>
> 토마스 만, 안삼환 옮김, 〈토니오 크뢰거〉

사실 남의 이야기 같지 않다고 느끼는 분들도 꽤 계실 겁니다. 저도 처음 이 소설을 읽고 소설 속 인물이긴 하지만 저랑 같은 고민을 하는 사람이 있다는 게 정말 반가웠으니까요.

우리는, 혹은 우리 주위에는 토니오 크뢰거처럼 자기만의 독자적인 세계에 본능적으로 끌리는 사람들이 있습니다. 시를 읽고 싶다고 생각하는 것만으로도 세상 사람들과는 이미 충분히 다르지요. 그들의 시선은 언제나 아름다운 것, 영원한 것, 그리고 자기만의 세계를 향해 있으니까요.

이들은 세상과 통하지 않는 것 같은 느낌에 고독과 외로움을 느낍니다. 그리고 불안해합니다. 내가 이렇게 다른 사람들과 다른 방식으로 살아가도 좋은가 하고 말이죠. 그 중에는 릴케나 키팅 선생님의 말대로 저속하고 비루한 이 세계 대신 고결함을 추구하는 자신의 내면을 과감히 선택하는 사람도 있습니다. <토니오 크뢰거>에 등장하는 또 한명의 작가, 바로 시인이 된 토니오 크뢰거의 동료 아달베르트가 그런 사람입니다.

어느 봄날 우연히 만난 토니오 크뢰거에게 그는 봄이 자신에게 미치는 영향에 대해 말합니다. "무엇인가 점잖지 못하게 곰지락거리고 가당치도 않은 선정(煽情)이 요동을 치"는 상황으로부터 벗어나야 한다고요. 그리고 카페로 갈 것을 선택합니다. 그에게 카페란 문학적인 것을 위한 고상한 생각만 할 수 있는 보호구역입니다.

정신적이고 영원하고 아름다운 것에 도달하려고 할 때 이 세상은 장애물이 됩니다. 온갖 흥미롭고 감미로운 것들로 우리를 유혹하고, 우리를 내면이 아닌 세속으로 이끕니다. 그렇기 때문에 시를 쓰고자 하는 사람은 위험한 세상과 거리를 두고 내면에 집중하려고 합니다. 세상 사람들이 따르는 말과 가치를 의심하고 또 의심해야 하니까요. 아달베르트가 카페를, 마리오가 칠레를 선택하려는 것도 그러한 이유 때문입니다.

나. 아름다움이라는 함정

미자 할머니도 그런 사람 중에 한 명인 것처럼 보입니다. 생활의 곤궁함을 겪으면서도 아름다움을 좇고, 시를 쓰려는 것도 그 때문이라고 보일 수 있습니다.

그런데 미자 할머니는 생계가 곤란하다는 사실 말고도 그렇게 한가롭게 시를 쓴다고 다닐 때가 아닙니다. 미자 할머니의 외손자가 다니는 학교에서 여학생을 집단 성폭행하는 사건이 있었는데 외손자도 가담자라는 사실을 알게 되었거든요. 게다가 그 여학생은 자살을 하고 맙니다. 가해자 부모들은 자식들의 앞날을 망칠 수 없다며 어떻게 해서든 피해자 부모와 합의를 봐서 일을 무마시키려고 합니다. 미자 할머니에게도 당연히 손자의 면죄의 대가로 합의금을 마련하도록 합니다. 하지만 하루 벌어 하루 먹고 사는 미자 할머니가 합의금을 마련하는 일은 쉬운 일이 아닙니다. 그런 와중에 미자 할머니는 시를 쓰겠다고 하는 겁니다.

미자 할머니에게 학부모들이 제안을 하나 합니다. 피해자인 여학생의 엄마를 만나서 합의를 받아들이도록 설득해보라는 거죠. 주저하던 끝에 미자 할머니는 피해자 엄마를 만나러 갑니다. 밭에서 일하는 피해자 엄마를 찾아 가는 길은 미자 할머니를 홀릴 만한 아름다운 것들이 많이 있습니다. 미자 할머니는 나들이라도 나온 것처럼 시골 풍경에 한껏 취해 결국 자신이 여기에 온 이유도 잊어버리고 맙니다. 그리고 피해자 엄마를 만나서는 걸어오며 본 아름다운 것들에 대한 감상만 한참을 이야기하고 돌아섭니다. 자기가 그 끔찍한 짓을 저지른 아이의 외할머니이고 그 때문에 당신 딸이 자살했다는 말, 용서받지 못할 죄를 졌다는 건 알지만 아이들의 미래를 봐서라도 합의를 해달라는 말은 입 밖에 꺼내지도 못한 거죠. 얼마나 어처구니없고 말도 안 되는 짓을 한 걸까요.

물론 이 영화는 미자 할머니가 치매 진단을 받는 장면을 보여줌으로써 이러한 망각을 불가피한 것으로 생각하게 합니다. 하지만 치매가 아직 초기 단계라는 점을 감안하면 그 때문에 그처럼 중대한 사명을 잊어버렸다고 보기는 힘듭니다. 그보다는 오로지 무엇이 시의 글감이 될까 아름다움을 찾는 데 정신이 팔려 자신이 해야 할 일을 잊게 되었다고 보는 것이 더 그럴 듯합니다. 더구나 그녀는 저속하기 이를 데 없는 인간사의 일, 그것도 타인의 고통에 무감한 손주의 악

덕과 그것을 돈으로 무마하려는 어른들의 악덕에 가담해야 할 처지에 있습니다. 이 모든 일들이 아름다움을 추구하는 미자 할머니에게는 받아들이고 싶지 않은 일, 거리를 두고 싶은 일 아니었을까요? 그러고 보면 미자 할머니가 이런 와중에도 시에 몰두하는 것 역시 시에 집중함으로써 현실을 외면하고 싶었던 마음 때문인지도 모르겠네요.

피해자 엄마에게 인사를 하고 발걸음을 떼자마자 미자 할머니도 자신이 무슨 짓을 저질렀는지 깨닫습니다. 하지만 너무 늦었습니다. 돌아가서 뭐라고 얘기할 수 있을까요. '아참, 아까는 제가 꽃 얘기 하느라 정신이 팔려서 꼭 해야 되는 얘기를 깜빡 했네요'라고 말을 꺼낼까요? 땡볕이 내리 쬐는 밭에서 힘겹게 노동하는 사람 앞에서, 경치 좋은 곳에서 사니 부럽다, 백일홍이 얼마나 예쁜지 꽃만 봐도 배가 부르다, 땅에 떨어져 짓무른 살구는 다음 생을 준비하는 것 같다는 이야기를 하다니, 얼마나 철없고 낭만적으로 보였을까요. 하물며 그 엄마는 끔찍한 이유 때문에 딸을 잃은 비참한 엄마가 아닌가요. 그런데도 불구하고 목구멍이 포도청이라고 애도조차 미루고 뙤약볕에서 노동을 해야 하는 처지에 놓인 사람이잖아요.

그런데, 미자 할머니의 시창작반에서 결국 시를 쓰는데 성공한 것은 미자 할머니 밖에 없습니다. 미자 할머니가 쓴 <아네스의 노래>라는 제목의 시는 스스로 목숨을 끊은 그 어린 여학생에 관한 것입니다. 그렇게 써지지 않던 시를 미자 할머니는 어떻게 쓰게 된 걸까요?

미자 할머니가 드디어 시를 쓴 날은 미자 할머니의 손주가 경찰에 체포된 날이기도 합니다. 학교도, 언론도, 심지어 경찰과 피해자의 엄마까지도 사건을 조용히 마무리하기로 이미 합의가 되어 있던 일입니다. 그런데 미자 할머니가 손수 경찰에 신고를 한 겁니다. 미자 할머니가 오락실에서 오락을 하는 손주를 불러다 피자를 사주고 목욕을 시키고 손수 손톱과 발톱을 깎아주고 함께 배드민턴을 치기까지, 손주도 물론이고 우리도 그 사실을 알지 못합니다. 그렇게 손자를 자기 손으로 경찰차에 태워 보내고 나서 시를 쓴 겁니다.

어떻게 할머니가 손주를 고발할 수 있느냐고, 너무 한 거 아니냐고 하실 분들도 계실 겁니다. 사실 그런 면이 없지 않습니다. 미자 할머니는 지나치게 정의롭고, 또 공명심이 강했던 걸까요? 글쎄요. 그런 것 같지는 않습니다. 그랬다면 진즉 이 일을 다른 방식으로 처리했을 겁니다. 어쩌면 미자 할머니가 이처럼 고통스럽고도 마음 아픈 선택을 한 것 역시 아름다움을 추구하는 것과 연관이 있을지도 모르겠습니다. 타인의 고통 위에서 아름다움은 진정 빛날 수 없다는 사실을 안 거죠. 타인의 고통 위에 식탁보를 깔고 그 위에 꽃병을 놓으면 겉으로는 아름다워 보일지도 몰라도 그 밑에서는 진실이 썩어가리라는 것을, 그리고 누구보다 그 사실을 본인이 가장 잘 알거라는 점을 말입니다. 그리하여 추악한 현실을 외면하는 대신 그 현실 속으로 뛰어들어 그 현실에 대한 윤리적 책임을 다하기로 선택한 겁니다. 그리고 그 선택이 미자 할머니를 시에 한 발 다가가게 만듭니다.

사실 미자 할머니에게는 이런 기미가 진즉부터 보이기는 했습니다. 다른 학부모들과는 뭔가 조금 다른 게 있었으니까요. 시상을 찾아다니면서도 틈틈이 아네스의 흔적을 찾아다녔던 겁니다. 아네스의 장례미사에 찾아가고, 아네스가 성폭행을 당한 학교의 과학실을 찾아가기도 합니다. 그리고 아네스가 스스로 몸을 던진 강의 다리도 찾아갑니다. 이 모든 행위 역시 윤리적인 책임감에 따른 것이라고 볼 수 있습니다. 더구나 합의금을 마련하기 위해 치욕스럽고도 수치스러운 일까지 감당한 것은 자기희생을 통해 타인의 죄를 대신하는 전형적인 속죄양의 역할을 자임한 것이기도 합니다. 그 정도면 미자 할머니는 충분히 도리를 다 한 것 같습니다.

중요한 것은 그런데도 시를 쓰지 못한다는 사실입니다. 인간으로서의 도리를 다 하려고 애썼는데 왜 시를 쓰지 못하는 것일까요? 대답은 간단합니다. 그 때만 해도 그런 게 시가 될 수 있다고 생각하지 않았기 때문입니다. 다른 이들과 달리 부끄러움과 죄책감을 느끼고 어떻게든 속죄를 하려고 하지만, 더럽고 추악한 세계는, 그리고 그러한 세계에 동조하는 자신은 시가 될 수 있다고 생각하지 않았던 거죠. 그런 거야 말로 아름다움을 추구하는 시와 정반대 편에 있는 거라고 여겼으니까요.

그런 점에서 아네스의 사진은 아주 중요한 상징성을 지닙니다. 어떤 마음에선지 미자 할머니는 아네스의 장례미사 때 아네스의 사진을 몰래 들고 나옵니다. 그리고는 내내 가방 속에 넣고 다닙니다. 그러던 어느 날 그 사진을 식탁 위에 꺼내놓습니다. 바로 아네스의 엄마를 만나고 온 날입니다. 스스로 생각해도 부끄러운 일을 저지르고 돌아오며 미자 할머니에게는 어떤 심경의 변화가 있었던 것 같습니다. 그게 무엇이었을까요? 아름다움을 좇는다고 눈앞에 펼쳐지는 현실을 외면하고 있었다는 사실을 깨달은 것 아닐까요? 단순히 현실을 외면하기만 게 아니라 그 현실에 대해 자신이 감당해야 할 책임마저 도외시했다는 사실을 알게 된 것인지도 모릅니다.

개인적인 애도만으로는 충분하지 않았던 겁니다. 어쩌면 개인적으로 애도함으로써, 즉, 아무도 모르게 마음으로, 그리고 몸으로 속죄함으로써 그 추하고 부끄러운 일을 없었던 일로 만들고 싶은 것일 수도 있기 때문입니다. 그와 비교했을 때 아네스의 사진을 식탁 위에 꺼내 놓는 행위는 마음속에 비밀스럽게 품은 애도와 속죄를 세상에 공개하는 것을 의미합니다. 이는 그 자신 또한 추악한 세계의 일부이고, 또 저속하기 그지없는 존재라는 사실을 인정하지 않고서는 불가능한 일입니다. 아니, 반대로 그 자신 또한 죄인임을 인정했기 때문에 가능한 행위라고 볼 수도 있습니다. 자신이 그토록 추구했던 아름다움의 세계, 시의 세계와 반대편에 자신이 서 있다는 사실을 인정하고 직면하는 것이죠. 시는 바로 이러한 인정, 자신 또한 아름답지 않고 오히려 비천한 존재임을 인정한 이후에 찾아옵니다. 미자 할머니는 자기 손으로 손주를 경찰에 넘겨주고 돌아와 텅 빈 집에서 홀로 식탁에 앉아 시를 썼을 겁니다. 아네스의 사진을 바라보며 썼을 겁니다, 꽃이나 새소리에 대한 시가 아니라 아네스에 대한 시를 말입니다.

다. 일상적인 것에 대한 시민적 사랑

마리오도 비슷합니다. 사실, 시에 관심을 갖게 된 이후 마리오에게는 아주 중요한 변화가 있습니다. 바로 오지랖이 넓어졌다는 겁니다. 한 번은 그 섬마을에 정치인이 찾아옵니다. 말로는 마을 사람을 위한다고 하지만, 정작 마을 사람들이 새벽부터 배타고 나가 잡아온 해산물 값을 터무니없이 깎으려고 합니다. 그 장면을 본 마리오는 가난한 노동자의 노고를 제대로 인정하지 않는다며 참견을 합니다. 결국 물건을 사려던 정치가 일행은 별 꼴 다 본다는 듯이 사려던 물건을 내려놓고 돌아가고, 마리오만 동네 어부에게 괜한 참견을 했다고 핀잔을 듣죠.

이후에도 비슷한 일이 한 번 더 있습니다. 그 정치가가 국회의원으로 당선된 이후입니다. 마을 사람들에게 선심성 공약을 한 덕분에 표를 얻고 당선이 되었지만 이후에는 입을 싹 닦고 상황이 여의치 않다며 약속을 저버린 겁니다. 아무도 그에 대해 항의하지 못하고 뒤에서만 투덜거릴 때 마리오가 나서서 부당함을 따집니다.

미자 할머니와 마리오의 공통점은 다른 사람들과 달리 시에 관심을 갖고 있으며 다른 사람보다 아름다움에 민감하다는 점입니다. 다른 사람들보다 선량하며 정의롭다는 것도 이들의 공통점입니다. 그럼에도 불구하고 저속한 현실을 시와 동떨어진 것으로 생각한다는 것, 이러한 구분을 넘어설 때 비로소 시를 쓰게 된다는 것까지 비슷합니다. 마을 사람들을 대변하는 그 순간에도 마리오는 여전히 마을 사람들이 무식하다고 생각했고, 자신은 그들과 다르다고 생각했으며, 그들의 삶이 시가 될 수 있다고는 생각하지 않습니다. 그러다가 자신 또한 그 세계의 일원임을 인정하고 또 그 현실의 아름다움을 발견하게 되었을 때 시를 쓰게 되었으니까요.

토니오 크뢰거도 이와 비슷한 상황입니다. 미자 할머니나 마리오와 다른 점이라면 토니오 크뢰거는 이런 분열과 갈등을 그 자신이 의식하고 있다는 사실입니다. 한편으로는 동료 작가 아달베르트처럼 "예술가가 인간이 되고 느끼기 시작하면 그는 끝장"이라고 생각합니다. 그 정도로 예술과 생활, 예술가와 인간을 전혀 다른 영역에 속한 것으로 본 거죠. 그러나 다른 한편으로는 이 저속한 세계에도 매혹을 느낍니다. 그리고 더 나아가 저속하지만 인간적인 것을 외면하는 "예술가 기질을 부끄러워" 합니다. 결국 토니오 크뢰거는 아달베르트를 따라 카페로 가지 않습니다.

> 나는 두 세계 사이에 서 있습니다. 그래서 어느 세계에도 안주할 수 없습니다. 그 결과 약간 견디기가 어렵지요. 당신들 예술가들은 저를 시민(bürger)이라 부르고, 또 시민들은 나를 체포하고 싶은 충동을 느끼게 됩니다. 이 둘 중 어느 쪽이 더 나의 마음에 쓰라린 모욕감을 주는지 모르겠습니다. …중략… 만약 한 문사(文士)를 진정한 시인으로 만들 수 있는 그 무엇이 존재한다면, 그것은 인간적인 것, 생동하는 것, 일상적인 것에 대한 나의 이러한 시민적 사랑일 것이기 때문입니다.
>
> 토마스 만, 안삼환 옮김, 〈토니오 크뢰거〉

인간적인 것, 생동하는 것, 일상적인 것에 끌리는 것을 토니오 크뢰거는 '시민적 사랑'이라는 말로 표현을 하고 있네요. 시민적 사랑이 없이도 시를 쓸 수는 있지만, 그렇게 글을 쓰는 사람은 진정한 시인이 아니라 그저 글 쓰는 사람, 즉 문사라고 말합니다. 쉽게 말하자면 시인의 급을 나누고 있는 거죠.

사실, 이렇게 시인과 시의 급을 나누는 게 가능한가 싶기도 하고, 또 다른 오해를 만들어낼 소지도 있습니다. 시민적 사랑이 없는 시, 아름다움 그 자체를 보여주는 시도 우리에게 충분히 감동과 미학적인 자극을 주니까요. 그러나 아름답고 고귀한 그 무엇이라도 그것이 우리의 세계, 우리의 삶과 연결되어 있지 않다면 무슨 소용이 있을까 하는 의문은 듭니다.

마리오가 섬마을을 떠나 칠레로 갈 수는 있겠지요. 가서 네루다를 만날 수는 있겠지요. 하지만, 그곳이라고, 그곳 사람들이라고 마리오가 사는 세상 사람들과 다를까요? 마리오는 어쩌면 전혀 시인답지 않은 일, 아름다움과 거리가 먼 일을 하는 네루다를 보게 될 수도 있을 겁니다. 가령 이자 걱정을 하고, 사무적인 일을 처리하고, 정치가인 만큼 정략적인 일도 하는 네루다 말입니다. 아달베르트도 마찬가지입니다. 카페로 가서 아무 방해도 받지 않고 멋진 글을 쓸 수 있을지는 모르겠습니다. 하지만 그는 다시 거리로 나와야 하고 평범한 사람들을 만나 그들과 함께 생활해야 합니다.

어디 그뿐인가요. 그들의 도움 없이는 아무 것도 할 수 없을 지도 모릅니다. 누군가 빵을 구워주고 빨래를 해주고 청소를 해주고 또 대신 심부름을 해주겠지요. 카페에 앉아 물 마시듯 마시는 커피 한 잔만 해도 그렇습니다. 커피를 따고 말리고 그 커피를 고르고 볶고 또 운반하는 이들이 없다면 어떻게 우리가 편안히 앉아서 향 좋은 커피를 마시겠습니까. 그들이 사는 세계가 시를 좇는 사람이 사는 세계와 다르지 않고, 시를 좇는 사람들도 세속적이며 천박하기는 마찬가지입니다. 세상의 모든 일이 그런 식입니다. 모두 각자의 자리에서 자신의 일을 함으로써 서로 돕고 있습니다. 각자의 방식으로 아름다움을 구현하며 또 조금씩은 저속합니다.

시민적 사랑이란 아마도 이런 삶, 이런 사람들에 대한 애정과 관심을 말하는 것일 터입니다. 시민적 사랑을 가진 사람만이 진정한 시인이 될 수 있다고 하는 것은 이런 평범한 사람, 우리 자신들도 물론 포함하여, 세상 사람들을 사랑할 수 있어야 그 진실성을 믿을 수 있다는 말일 터입니다. 아름다운 것을 아름답다고 하는 것은 어렵지 않습니다. 아름답고 선한 것을 사랑하는 것도 누구나 할 수 있는 일입니다. 어려운 것은 아름다워 보이지 않는 것, 선한 것과는 거리가 먼 것에서 아름다움을 발견하고 또 포용하는 일입니다.

이쯤에서 자신의 내면의 소리를 따르라는 릴케의 충고를 다시 생각해볼 필요가 있습니다. 릴케가 다른 사람을 무시하라고 조언했던 것은 시에 관한 것입니다. 즉, 시에 관한 한 다른 사람의 의견을 듣지 말고 오로지 자신의 내면에서 들려오는 소리에 집중하라는 것이었지 현실과 일상을 도외시하라는 것은 아니었습니다. 오히려 군인이라는 직업을 가지면서 시를 쓰는 것이 가능하겠느냐는 고민에 대해 "현실 속에 있는 것이, 비현실적이고 반예술적인 직업에 종사하는 것보다는 훨씬 예술에 가깝"다고 말하기까지 하니까요. 물론 그는 끝까지 내면의 시인이기를 고수했지만 말입니다.

만약 시를 사랑하는 마음이 남들이 보지 못하는 아름다움을 보고, 남들보다 풍부한 감정으로 세상에 예민하게 반응하는 것과 동의어라면, 눈앞에 펼쳐지고 있는 추악과 고통이 들끓는 현실을 못 볼 수는 없는 법입니다. 안 보이는 게 아니라 못 본 척하는 게 아니라면요. 만약 눈앞에 보이는 것을 보고도 외면한다면 그것이야말로 기만이고 위선이겠지요. 사실과 다른 말을 하는 것도 거짓말이지만, 사실을 말하지 않는 것도 진실하지 못한 거죠.

그것은 또한 시로부터 자신을 소외시키는 일입니다. 산술적으로만 생각해보아도 알 수 있습니다. 하루 24시간 중 대부분의 시간을 우리는 아주 실질적인 일, 고상하지 않은 일들에 둘러싸여 보냅니다. 층간 소음 때문에 윗집 사람과 다투고, 나의 험담을 하는 동료에게 배신감을 느끼고, 오늘 저녁에는 또 무엇을 먹어야 하나 궁리를 하고, 부패만 일삼는 권력자들의 뉴스를 보며 분노하는 데 하루의 거의 모든 시간을 사용하죠.

그러니 하루 1시간 쯤, 아니 30분만이라도 고상하고 아름다운 나만의 세계로 빠져들고 싶어 하는 것은 당연하고도 정당한 요구 아니냐고요? 시를 읽고 쓰는 동안만큼은 아름답고 고상한 생각만 할 수도 있는 것 아니냐고요? 하지만 그런 마음으로 시를 읽고 쓴다면 시에는 나의 이야기, 나의 존재가 담길 여지가 없습니다. 고작 액세서리에 지나지 않습니다. 시를 읽는 것도 마찬가지입니다. 곱고 아름답고 순수한 감성을 다룬 시만이 시답다고 생각하곤 합니다. 저잣거리의 이야기를 담은 시, 하루하루 살아가는 생생한 삶의 이야기는 시가 아니라고 생각하기도 하지요. 하지만 곱고 아름답고 감성적인 시를 읽는 것은 초콜릿을 먹는 것과 비슷합니다. 그런 시를 읽는 동안만 잠깐 꿈을 꾸다가 아무 것도 변하지 않은 세상으로, 아무 것도 변하지 않은 채 돌아가 정신없이 또 다시 비루한 23시간을 반복하게 될 테니까요.

진정한 시를 쓰려면, 혹은 시를 제대로 읽게 된다면, 다시 말해 키팅 선생이 말한 것처럼 우리가 우리 삶의 목적에 충실하다면 우리는 현실로부터 도망갈 수 없습니다. 오히려 현실에 더 밀착하게 됩니다. 현실을 있는 그대로 낱낱이 발견하게 됩니다. 현실이 예쁘고 아름답고 순수해서가 아니라 진실을 직시할 수 있는 용기, 그리고 그 자체의 아름다움을 찾아낼 수 있는 눈을 갖게 되기 때문입니다.

5 말할 수 없는 존재의 말

마지막으로 시를 읽고 쓰는 이유에 관한 가장 중요한 한 가지 이야기가 남았습니다. 우리 자신의 감정, 우리의 창조적 열망, 그리고 존재를 완성시키고자 하는 열망이 확장되면서 시를 통해 타인의 감정, 타인의 창조적 열망, 그리고 타인의 존재를 완성하는 데 힘을 보탤 수 있다는 겁니다.

어려운 이야기가 아닙니다. 다시 <일 포스티노>와 <시>를 예로 들어 이야기 해보겠습니다. 마리오나 미자 할머니는 운이 좋은 사람들입니다. 먹고 사는 일 때문에 정신없기는 하지만 적어도 그들은 자신의 말을 하고 싶다는 욕망도 갖고 있고 또 원한다면 자신의 말을 할 수도 있고, 또 실제로 하기도 하니까요. 시를 쓰는 것은 그 중 가장 상징적이고 압축된 형식입니다.

하지만, 모두가 이런 욕망과 가능성을 갖고 있는 것은 아닙니다. 생각이 없어서가 아닙니다. 할 말은 많습니다. 비슷한 처지에 있는 사람끼리 모이면 이야기를 잘 합니다. 가만히 있으면 안 된다고, 가서 따지기라도 해야 한다고 말입니다. 그렇게 목청껏 얘기하다가도 힘센 사람 앞에만 서면 말문이 막힙니다. 갑자기 이들은 말 못하는 사람, 말할 자격마저도 박탈당한 사람이 됩니다.

그런데 그 중에는 꼭 먼저 말을 하는 사람이 있습니다. 처음에는 작은 목소리로, 그러다가 조금 더 큰 목소리로 자신의 생각과 감정을 말하기 시작합니다. 마리오가 그랬습니다. 마을 사람들의 무지를 이용하는 정치가들에게 마리오는 항의와 분노의 말을 내뱉은 겁니다. 물론 이런 말 한 마디가 세상을 바꾸지는 않습니다. 하지만 이게 사소한 일이 아닙니다. 내가 여기 존재한다는 것, 나도 감정이 있고 화낼 줄 아는 당신과 똑같은 존재라는 것을 그 자신에게, 그리고 상대방에게 천명하는 거니까요. 그 내용의 옳고 그름은 둘째 문제입니다. 이것이야말로 인간다움을 지키는 가장 기본적인 조건이며 출발점입니다. 이런 목소리를 들으면 서로 눈치보던 사람들도 잊고 있던 사실, 한 번도 생각해보지 못한 사실을 깨닫게 됩니다. 아, 우리도 이렇게 이야기할 수 있는 존재구나, 이렇게 이야기해도 되는구나. 그러면서 하나 둘 목소리를 보태게 됩니다. 소리가 조금씩 커지고 마침내 거대한 함성이 되는 거죠.

그런 관점에서 보면 <일 포스티노>의 첫 장면과 마지막 장면은 예사롭지가 않습니다. 영화는 바다 장면에서 시작해서 바다 장면으로 끝납니다. 첫 장면의 바다는 출항 준비를 하는 어부들의 생활 터전으로 등장합니다. 마지막 장면의 바다는 너무 늦게 섬을 다시 찾은 네루다가 홀로 거니는 사색의 공간으로 등장합니다. 이 해변가는 마리오와 함께 거닐었던 곳이기도 하지요.

이 마지막 장면의 바다가 단순히 사색의 공간이기만 한 것은 아닙니다. 여기에서 네루다는 마리오의 마지막을 떠올립니다. 사실, 마리오는 노동자 대표로 참석하여 자작시를 낭송하기로 되어 있던 민중 집회에서 그만 목숨을 잃고 말거든요. 카메라는 네루다로부터 서서히 멀어지며 해안가를 넓게 비춰줍니다. 그때 배경이 되는 것은 마리오가 참석했던 민중 집회의 함성소리, 그리고 파도소리입니다. 말하자면, 이 영화는 평화롭지만 침묵과 고요에 잠겨 있는 생활 터전으로서의 바다로 시작하여 평범한 민중들이 자신들의 삶을 위해 함께 목소리를 높이는 연대의 바다로 끝나고 있는 거죠.

마리오라고 처음부터 자신의 생각을 똑똑하게 말할 수 있었던 건 아닙니다. 어느 정도였느냐면, 베아트리체에게 첫눈에 반한 다음 날 마리오는 새벽같이 네루다를 찾아가서는 자신이 사랑에 빠졌으니 다짜고짜 도와달라고 합니다. 그녀 앞에 서면 무슨 말을 해야 할지 모르겠다면서요. 베아트리체를 위한 시 한 편을 써달라고 하고 네루다가 거절을 하자 사랑에 빠진 자신을 도와주지 못한다면 노벨 문학상을 받을 자격도 없다고 악담을 퍼붓습니다. 그리고 네루다 말고는 아무도 도와줄 사람이 없다고, 말할 줄 모르는 어부밖에 없다며 낙담을 합니다. 반쯤은 어이가 없다는 듯, 반쯤은 귀엽다는 듯 네루다가 묻죠. 어부들도, 마리오의 아버지도 사랑에 빠지고 사랑의 말을 주고받고 그래서 결혼까지 했을 거 아니냐고요. 마리오는 대답합니다. 그렇지 않을 거라고, 그들은 어부라 말을 많이 하지 않는다고요.

말도 못하는데 어떻게 마음을 전하고 사랑을 해서 마리오 같은 아이들을 낳게 되었는지는 영화를 끝까지 봐도 알 수 없습니다. 마리오처럼 시를 통해 마음을 전달한 것도 아니고 말이죠. 아마 이심전심 뭐 이런 게 통했던 걸까요?

중요한 것은 이런 순수한 진심이 권력자들에게는 먹히지 않는다는 사실입니다. 자신들의 잇속을 차리는데 좋은 조건이 될 뿐이죠. 그런데 마리오가 나타나서 지렁이도 밟으면 꿈틀한다는 것을 보여준 겁니다. 심지어 그는 노동자들을 대표해서 시를 쓰게 되기까지 했으니까요. 말할 수 없고 말하는 방법도 모르던 그가, 이제는 말할 수 없고 말하는 방법을 모르는 마을 사람들을 대표해서 부당함을 따지고 분노를 표현하는 말을 하게 된 게 시 때문이라고 하면 과장일까요?

마리오만 그런 것은 아닙니다. 네루다 역시 그와 비슷한 과정을 겪습니다. 사랑 노래로 명성을 얻은 네루다는 칠레의 상원의원에 당선되는데, 당선되고 나서 자신을 뽑아준 사람들을 만나보기 위해 탄광을 찾게 됩니다. 그리고 그곳에서 비참한 삶을 영위하는 광부들을 만나게 되고 그들로부터 간절한 부탁을 듣게 됩니다. "우리들의 삶을 다른 사람들에게 알려주세요. 어딜 가든 우리를 잊지 마세요." 네루다가 쓴 또 한 편의 위대한 시 <모두의 노래(Canto General)>는 그렇게 해서 탄생합니다.

미자 할머니는 또 어떤가요? 미자 할머니가 쓴 <아네스의 시>는 영화의 제일 마지막 부분에서 낭송됩니다. 그러나 미자 할머니의 목소리가 아니라 아네스의 목소리로 낭송이 됩니다. 이게 이 영화에서 처음이자 마지막으로 등장하는 아네스의 목소리입니다. 이때 카메라는 아네스가 살던 집, 마을, 학교 운동장 등을 찬찬히 훑습니다. 마치 아네스가 바라보는 것처럼요. 그러고 보면 이 풍경들은 어쩌면 아네스가 비극적인 선택을 한 마지막 날 아네스가 본 것인지도 모릅니다. 그래서 아네스가 뛰어내린 다리의 난간을 비추고 마지막으로 고요히 흘러가는 강물을 비추는 것으로 이 영화는 끝이 납니다.

시의 내용 또한 그렇습니다. 다음은 <아네스의 노래> 마지막 부분입니다.

나는 당신을 축복합니다.
검은 강물을 건너기 전에
내 영혼의 마지막 숨을 다해
나는 꿈꾸기 시작합니다.
어느 햇빛 맑은 아침
다시 깨어나 부신 눈으로
머리맡에 선 당신을
만날 수 있기를

여기에서 '나'라고 말하는 이는 누구일까요. 또 '당신'은 누구일까요. 어쩌면 이 '나'는 아네스인 것 같기도 합니다. 살아서는 누구에게도 자신의 고통을 말할 수 없었던 아네스가 미자 할머니의 시를 통해 자신의 이야기를 합니다. 자신의 못 다 이룬 꿈을 꾸겠다고 이야기하고, 자신을 고통에 몰아넣은 이 세상과 세상 사람들에게 축복한다고 말합니다. 하지만 이 말은 미자 할머니의 말인 것 같기도 합니다. '당신', 즉 외롭고 절망적인 '당신', 아네스에게 위로와 축복을 건네는 말 말입니다.

마리오나 네루다, 그리고 미자 할머니는 시를 통해 말할 수 없는 사람들, 이야기되지 못한 이야기를 대신합니다. 우리의 시인 가운데도 이런 선택을 한 시인들이 많습니다. 한편에서는 시민이기를 거부하고 예술가로만 존재하고자 한 시인도 존재합니다만 어떤 시인들은 그들이 가진 재능을 통해 그 자신과 별로 다를 바 없는 이웃의 이야기를 시로 담아내려고 했습니다. 그것이 아무리 저속하고 추악한 것이라 해도 외면하지 않습니다. 아니 외면할 수 없습니다. 추악하고 저속한 인간은 그 자신의 분신이며, 그러한 인간이 살고 있는 이 사회는 그가 발 딛고 존재하는 토대이기 때문입니다.

누군가 고통을 겪고 있다면 그것은 시인 자신의 고통이며, 누군가 무지와 추문에 휘둘리고 있다면 그것 또한 시인 자신의 무지와 추문이기도 합니다. 우리 또한 말을 할 수 없는 순간이 있습니다. 그때 어떤 시는 우리를 대신하여 말할 수 없는 우리의 이야기를 해주기도 합니다. 바로 이러한 방식으로 우리는 시를 통해 세상과 만나고, 시를 통해 타인과 소통하며, 시를 통해 서로 위로할 수 있습니다. 이것이 우리가 시를 읽고 쓰는 마지막 이유이며 가장 본질적인 목적이어야 합니다.

2

시/마음 읽기를 위해 생각해 볼 것들

시 읽기의 어려움

* 네 입술의 뜨거움을 느끼던 시절

이제까지 시를 왜 쓰고 읽는가에 대해 여러 가지 이야기를 했습니다. 그러고 보니 다른 사람들 얘기만 실컷 했군요. 여러분은 어떤가요? 여러분은 시를 좋아하나요? 좋아한다면 어떤 시를 왜 좋아하나요? 싫어한다면 왜 싫어하나요?

아마 이렇게 표현하는 게 가장 정확할 겁니다. 시를 좋아하지만 겁이 난다. 아닌가요? 적어도 이 책을 펼쳐든 사람이라면 시에 대해서 호감은 있을 거라고 생각합니다만…. 설마, 취업에 도움이 될까 싶어서, 혹은 재미있을 거라고 생각해서 이 책을 펼쳐들지는 않았을 테니까요. 시에 끌리기는 하는데 어렵다고 생각하고, 또 시를 읽고 싶은데 잘 이해할 수 있을까 자신이 없고, 뭐 그런 거 아니겠어요?

충분히 이해합니다. 강의실에서 만나는 학생들도 비슷합니다. 제 수업을 듣는 학생들은 주로 국문학이나 문예창작을 전공하는 학생들이지만 시를 즐겨 읽고 또 쓰는 학생들은 소수에 불과합니다. 대부분은 호감이 있는데 자신이 없어 합니다. 제가 대학 다닐 때도 그랬으니 새삼스러운 일은 아닙니다.

그런데 이야기를 해보면 시를 기피하는 학생들 중에는 처음부터 시를 어려워한 건 아닌 경우도 많더군요. 원래는 좋아했는데 멀어지게 된 거죠. 그 시기나 이유도 대체로 비슷합니다. 고등학교 수업 시간에 마치 수학 문제 풀듯이 시를 낱낱이 분석하고 난도질하는데 정나미가 떨어졌다, 시험을 보면 내가 생각하던 것과 다른 답이 정답이어서 점점 자신이 없어졌다 등등.

수업을 해보면 더 실감이 납니다. 시를 깊이 이해하기 어려워하는 것은 물론, 시를 읽고 장면을 머릿속으로 떠올리는 것조차 힘겨워 합니다. 뒤에 다시 얘기하겠지만 시를 읽는 출발점은 시의 장면을 떠올리는 건데 말입니다. 시 뿐만 아니라 책을 많이 안 읽기 때문에 문자를 소화하는 능력 자체가 현저하게 떨어졌다고 말하기도 합니다. 하지만 그 때문만은 아닌 것 같습니다. 왜냐하면 제가 가르쳤던 중학생들은 그렇지 않았거든요.

중학교에서 기간제 국어 교사로 잠시 근무한 적이 있습니다. 중2 남학생들 국어 수업을 맡았었는데, 시를 다루는 단원을 앞두고 걱정이 이만저만이 아니었습니다. 그 또래 남자아이에 대해 흔히 생각하듯, 그리고 짧은 기간 동안이지만 봐왔던 게 있어서 이 단순하고 무식한 녀석들에게 어떻게 시를 가르칠까 싶었던 겁니다. 하지만, 그런 걱정이 무색하게 그 학생들과의 수업은 이제까지 해왔던 모든 시 수업 가운데 손에 꼽을 만큼 감동적이었습니다.

그때 다루었던 작품 중 기억에 남는 작품은 박목월의 <나그네>와 신경림 <가난한 사랑 노래>입니다. 지금 생각하면 "술 익는 마을"이니 "나그네", "남도 삼 백리" 같이 제게도 생소한 시어들로만 이루어진 <나그네>를 중학생들에게 읽혀서 어쩌겠다는 거였나 싶습니다만, 어쨌듯 수업을 했습니다. 저도 본 적 없는 "밀밭길"이니 "강나루"니 하는 것들을 15살짜리 소년들의 머리에 떠오르게 하느라 애를 쓰면서요. 그리고 아이들은 놀랍게도 그 시를 읽고 나름 그럴 듯한 풍경과 분위기를 떠올리더군요.

보다 놀라웠던 것은 <가난한 사랑 노래>를 다룰 때였습니다.

가난하다고 해서 외로움을 모르겠는가
너와 헤어져 돌아오는
눈 쌓인 골목길에 새파랗게 달빛이 쏟아지는데
가난하다고 해서 두려움이 없겠는가
두 점을 치는 소리
방범대원의 호각소리 메밀묵 사려 소리에
눈을 뜨면 멀리 육중한 기계 굴러가는 소리.
가난하다고 해서 그리움을 버렸겠는가
어머님 보고 싶소 수없이 뇌어보지만
집 뒤 감나무에 까치밥으로 하나 남았을
새빨간 감 바람소리도 그려보지만.
내 볼에 와 닿던 네 입술의 뜨거움
사랑한다고 사랑한다고 속삭이던 네 숨결
돌아서는 내 등뒤에 터지던 네 울음.
가난하다고 해서 왜 모르겠는가
가난하기 때문에 이것들을
이 모든 것들을 버려야 한다는 것을.

신경림, 〈가난한 사랑 노래〉

이 시도 결코 중학생이 읽기에 쉬운 시는 아니라고 생각했습니다. 가난이니 사랑이니 하는 걸 15살 소년들이 어떻게 이해할까 싶었던 겁니다. 하지만, 그건 오산이었고 지독한 편견이었습니다. 그 중에 한 아이가 “내 볼에 와 닿던 네 뜨거움/ 사랑한다고 사랑한다고 속삭이던 네 숨결”이라는 구절에 시쳇말로 ‘꽂힌’ 겁니다. 괴성을 내며 닭살이 돋는다고 낯간지러워 하는 그 아이를 보고 친구들은 책상을 치며 웃어댔죠. 하지만, 그 아이는 제대로 시를 느꼈던 겁니다. 진짜로 누군가 자기의 귓가에 속삭이는 듯한 느낌을 받았고 그 뜨거운 숨결과 체온을 느꼈던 겁니다.

네, 압니다. 사춘기 남자아이들이 한창 성에 관심이 많기 때문에 그렇게 반응했다는 것을요. 그리고 그 반응은 조건반사적이고, 또 작품의 전체 의미에서 볼 때 부분에 지나지 않는다는 것을요. 하지만, 저는 그런 반응, 그런 구체적이고 감각적인 몸의 체험이 바로 시로 들어가는 가장 정확한 문이라고 생각합니다. 문자를 읽었을 뿐인데 냄새를 맡고, 단어를 읽었는데 마음이 아릿해지는 경험을 하게 만드는 것이야말로 시의 언어만이 할 수 있는 놀라운 마법 가운데 하나기 때문입니다.

이 시는 특별히 더 그렇게 읽어야 하는 시입니다. “눈 쌓인 골목길에 새파랗게 달빛이 쏟아지는데”라는 구절을 읽으면, 자기가 사는 동네가 어디냐에 따라, 좁은 골목길든 아파트 단지의 막다른 길이든 어떤 구체적인 길을 떠올릴 수 있어야 합니다. 그리고 그 길에 쌓인 새하얀 눈과 거기에 쏟아지는 새파란 달빛을 떠올리며 그 겨울의 차가운 감각을 느낄 수 있어야 합니다. “방범대원의 호각소리 메밀묵 사려 소리”라는 구절을 읽으면 겨울밤 따뜻한 방 안의 온기와 창밖에서 들려오는 소리를 떠올릴 수 있어야 합니다. 이런 감각적이고도 아주 개인적인 체험을 하지 못한다면 이 시는 아무 의미가 없습니다. 제목이 말해주는 것처럼 가난한 청년의 사랑 노래라는 것을 아는 것만으로는 아무 소용도 없습니다.

성적인 이미지에만 반응한 것도 문제될 건 없다고 봅니다. 오히려 시를 읽고 이해하게 되는 체험은 읽는 사람이 처한 상황, 자기의 환경에 맞게 일어나는 것이 당연합니다. 그런 체험만이 진실한 것입니다. 그러니까 성에 한창 관심이 많은 중학생은 이 시에서 설레고 흥분되는 순간에 주목하고, 돈 벌기 위해 가족과 떨어져 타지에서 지내는 청년은 어머니를 떠올리며 울컥하는 게 당연합니다.

그런 경험을 해야 거기에서 나아가 내가 경험하지 못한 것, 내가 처한 상황과는 전혀 다른 상황, 그리고 그런 상황에 놓인 사람에 대해 미루어 짐작할 수 있게 됩니다. 나와 연관된 상황만큼은 아니지만, 언어를 보고 나의 상황을 생생하게 이끌어냈던 그 힘으로 타인의 상황, 타인의 경험 등도 절실하고 생생하게 경험할 수 있는 거죠. 물론, 지금 당장 아무 느낌이나 이미지를 떠올리지 못한다고 해도 상관없습니다. 그와 비슷한 상황을 하게 되면 그때 가서 '아, 그때 그 시에서 했던 말이 이런 거구나'라고 떠오르게 될 테니 말입니다.

15살짜리 소년들과는 수업을 하면서 이런 공감과 상상의 신비를 함께 체험할 수 있었습니다. 그런데 대학에서 만난 학생들과는 그게 어렵더라구요. 시가 표현하고 있는 장면 속으로 들어가지도 못하고, 시를 자기의 처지로 끌어오지도 못합니다. 어떤 부분에서 어떤 수사법이 쓰였는지는 얘기할 수 있고, 심지어 몇몇 시어들만 보고도 시의 주제를 추론할 수 있는데, 느끼지도, 상상하지도, 성찰하지도 못하는 것입니다. 도대체 중학생에서 대학생이 되는 동안 무슨 일이 있었던 것일까요?

* 그 아이들은 모두 어디로 갔는가

시를 읽고 쓰면 좋은 점이 많기 때문에, 중고등학교에서도 이러한 교육적 효과를 노리고 모든 학생들에게 시를 가르칩니다. 그런데 고등학교만 지나면 시를 좋아하던 학생들도 시에 알레르기 반응을 보이게 됩니다. 어떻게 된 걸까요? 안 그런 과목이 있느냐고요? 당연히 대학 입시 때문이 아니겠느냐고요? 네 다 맞는 말씀입니다. 다 아는 얘기지만 앞으로 할 이야기의 이해를 돕기 위해 구체적인 작품을 예로 삼아 우리가 어떻게 시를 배우는가에 대해 한번 따져볼까요?

> 산모퉁이를 돌아 논가 외딴 우물을 홀로 찾아가선 가만히 들여다봅니다.
>
> 우물 속에는 달이 밝고 구름이 흐르고 하늘이 펼치고 파아란 바람이 불고 가을이 있습니다.
>
> 그리고 한 사나이가 있습니다.
> 어쩐지 그 사나이가 미워져 돌아갑니다.
>
> 돌아가다 생각하니 그 사나이가 가엾어집니다.
> 도로 가 들여다보니 사나이는 그대로 있습니다.
>
> 다시 그 사나이가 미워져 돌아갑니다.
> 돌아가다 생각하니 그 사나이가 그리워집니다.
>
> 우물 속에는 달이 밝고 구름이 흐르고 하늘이 펼치고 파아란 바람이 불고 가을이 있고 추억처럼 사나이가 있습니다.
>
> 윤동주, 〈자화상〉

아마 대부분 읽어본 적이 있는 익숙한 시일 겁니다. 바로 윤동주의 <자화상>입니다. 많은 분들이 윤동주의 시를 좋아하죠. 최근에는 영화로까지 만들어졌으니 아마도 윤동주와 그의 시에 대한 인기는 더 높아지겠지요?

윤동주의 시는 모든 장르를 통틀어 수능에 가장 많이 출제된다는 말도 있습니다. 위키나무는 윤동주가 수능에 단골로 출제되는 이유를 다음과 같이 분석해 놓기도 했네요. "대중에게 알려진 작품이 많고, 주제의식 또한 분명한 데다, 1940년대를 대표하는 또 다른 민족시인인 이육사의 시보다는 은유의 난이도가 낮고, 이상처럼 시에 어려운 기교를 부린 것도 아니기에, 수험생들에게 사랑받는 작가 중 하나. 1941년 이후의 작품들에서는 삶에 대한 고뇌, 암울한 조국의 현실에 대한 주제의식이 한층 더 강렬하게 표현된다." 한마디로 그의 시는 쉽고, 의미가 선명하다는 말로 요약할 수 있겠습니다.

그렇습니다. 우리는 이 시를 '안다'고 생각합니다. 우물을 들여다보는 행위는 자아를 성찰하는 것을 의미하고, 2연에 펼쳐지는 풍경은 화자가 꿈꾸는 이상적인 세계의 모습을 의미하며, 3연에 떠오르는 "한 사나이"는 다름 아닌 화자 자신이라고 배웠으니까요.

하지만 정말 그럴까요? 정말 이 시의 화자가 우물에서 본 "사나이"는 자기 자신일까요? 우물을 들여다보는 행위는 자아 성찰의 행위이기만 할까요? 그렇다고 칩시다. 그래도 이러한 시어의 의미를 아는 것이 무슨 가치가 있을까요? '아, 이 시에서 시인은 우물을 통해 자아 성찰을 하고 있구나'라는 사실을 아는 것과 실제로 우리가 우리 자신을 성찰하는 것은 전혀 별개의 일이죠.

이런 지식은 그야말로 시험 문제를 하나 더 맞히는 데 말고는 아무 짝에도 쓸모가 없는 지식입니다. 서리가 생기는 이유나 양배추의 영양성분은 알아 놓으면 써먹을 데라도 있죠. 이런 지식은 아무 데도 써 먹을 수 없습니다. 우물이 자아성찰의 매개라는 것을 알게 되었으니 우물을 바라보며 자아성찰을 하게 될까요?

공교육을 통해 꼭 배워야 할 교육의 내용과 목표, 그리고 교육 방법에 대해 국가에서 지침을 정리해 놓은 <교육과정>이라는 걸 보면 시를 포함하여 문학 교육의 목표는 바로 이런 시를 읽고 자아성찰을 할 수 있도록 하는 데 있습니다.

> ⓐ 문학을 생활화하여 평생 교육으로 이어질 수 있도록 내면화 과정에 중점을 둔다.
>
> ⓑ 문학 수용과 생산 능력을 실질적으로 향상시키고 문학에 대한 긍정적 태도를 기르도록 국어 사용의 실제성을 고려하여 다양한 평가 상황을 설정하고, 영역을 통합하여 평가하도록 한다.

위의 글은 <교육과정>의 일부입니다. 그 중에서도 ⓐ는 어떤 방법으로 문학을 가르치고 배워야 바람직한가, ⓑ는 그렇게 배운 내용을 어떤 식으로 평가해야 하는가를 정리해 놓은 부분입니다. 가만히 읽어보면 지금까지 우리가 받은 문학 교육과는 거리가 멀어도 한참 먼 거 같습니다. 평생 시나 소설을 즐길 수 있도록 맛을 들이는 방식으로 가르쳐야 하고, 시험도 문학에 대한 긍정적 태도를 헤치지 않도록 해야 한다는 건데, 현실은 문학을 배운 후 더욱 싫어하게 되지나 않으면 다행인 지경입니다.

이 모든 문제가 입시를 목표로 하는 교육에서 비롯됩니다. 수능에서 한 문제 더 맞고 덜 맞고 하는 문제가 얼마나 중요한지는 말 하지 않아도 다들 잘 아실 겁니다. 수능 점수 1점이 인생을 바꿔놓는다는 말도 있으니까요. 그러니 순위를 매기는 게 중요하고, 그것도 절대적으로 객관적이고 공정하게 매기는 게 중요합니다. 아무리 다양성이니 창의성이니 중요하다고 떠들어 봤자 제도 자체가 객관성과 공정성을 가장 중요한 가치로 따지니 소용이 없습니다.

시험 문제를 출제할 때도 학생들이 반드시 생각해 보아야 할 가치가 있는 지식, 학생들이 시를 이해하고 감상하는 능력을 길렀는가를 확인하는 문제를 출제하지 않습니다. 그보다는 오답 시비가 없을 문제를 출제하는 경향이 강합니다. 결국 이견이 있을 수 없는 문제, 다양한 해석이 원천적으로 불가능한 문제를 출제하게 되죠. 수능처럼 시험의 규모가 크고 국가가 관장하는 시험일수록 더 그렇습니다.

선다형이라는 문제의 형식은 또 어떻고요. 네다섯 개의 보기를 주고 그 가운데 가장 적합한 것, 혹은 가장 적절하지 않은 것을 골라내는 방식 자체가 이미 생각의 가능성을 제한하는 거죠. 다섯 가지 보기 안에서만 생각하게 만드니까요. 시쳇말로 '답정너'(답은 정해져 있고, 넌 대답만 하면 돼)로 시를 배우니 수학 문제를 푸는 것과 시를 읽는 것이 다를 바가 없습니다. 아니 오히려 수학 문제를 푸는 게 낫다는 학생도 있죠. 수학 문제는 공식에 따라 문제를 풀면 답이라도 확실하게 나오니까 말이죠.

이렇게 시를 배운 효과는 아주 강력합니다. 수업을 해보면 확인할 수 있습니다. 동일한 작품에 대해 자신과 다른 감상 내용이나 모순된 내용을 접하면 학생들 대부분은 꼭 이렇게 묻습니다. 그래서 이 둘 중에 어떤 게 맞는 건가요? 둘 다 가능하며, 심지어 동시에 가능하다고 말하면 다시 묻습니다. 그래도 조금 더 정답에 가까운 게 있지 않나요? 그런 일은 이후에도 계속 일어납니다. 그런 면에서 우리 교육은 정말 성공적이라고 할 수도 있겠네요.

결국 시를 감상하는 데 정답은 없다는 사실을 받아들이기 어려운 학생들은 시가 어렵다고 하면서 시에서 멀어지게 됩니다. 이거야 말로 아이러니가 아닐 수 없습니다. 문학의 본질이자 핵심이 다양하고도 풍부한 의미를 담고 있다는 것이며, 이를 경험하는 것이 문학을 읽고 쓰는 목적인데, 그 본질이자 핵심을 피해가는 문제만 출제하고 그 풍부함을 제거하고 싶어하니 말입니다. 초밥을 먹으러 가서 회만 걷어내고 맛을 평가하는 거나 다름없는 일이죠. 그럴 바에 차라리 학교에서 시를 가르치지 않는 게 나을지도 모르겠다는 생각도 합니다. 시험 문제를 풀며 외운 지식이 학생들의 머리에 박혀서 자기 마음대로 시를 읽지도 못하게 방해하니 말입니다.

그렇다면 한 번 해볼까요? 이제까지 시에 대해 배운 것을 다 잊어버리고 새로 시작하는 거죠. 마치 처음 시를 읽는 것처럼 여러분 마음대로 읽어보면 어떨까요? 시험을 보기 위해서, 또 정답을 찾기 위해서 시를 읽지 말고 제대로 한 번 읽어봅시다.

여러분이 시 강좌를 듣는 학생이라면 물론 시험을 쳐야 할지도 모르겠습니다. 게다가 아무리 문학, 시에 관련된 것이라고 해도 지식으로서 알아야 할 내용도 있습니다. 그런 것은 외워야 할 필요가 있지요. 하지만 적어도 객관식이라는 이름으로 강요된 선다형 문제를 풀지는 않을 겁니다. 여러분이 남들과 다른 생각을 한다면 왜 그런 생각을 하게 되었는가 설명할 기회도 있고, 다른 사람들과 함께 이야기하며 여러분의 생각을 더욱 풍부하게 할 수도, 혹은 수정할 수도 있을 겁니다. 그러니 시를 읽는 데서 얻을 수 있는 즐거움과 자유를 제대로 느껴볼 수는 있지 않겠어요?

그렇지만 꼭 이런 학생들이 있지요. 다음 시간에는 출석 체크를 안 할 테니 봄날을 만끽하고 오라고 말해도 수업에 오는 학생 말입니다.

교수님이 우리를 떠보려고 하시는 걸까, 진짜 그래도 되는 건가, 빠진 사이에 진도를 나가면 나만 손해 아닌가 등등의 생각을 하죠. 급기야는 차라리 그냥 수업을 하시지 왜 이런 선택의 자유를 줘서 갈등을 하게 만드시나, 라고 원망까지 하게 되죠.

마음대로 시를 읽어도 좋다는 말을 듣고 여러분이 느끼게 될 마음이 아마 이런 마음이 아닐까 싶습니다. '야, 자유다. 이제까지는 내 뜻대로 못 읽어서 답답했는데, 이제는 내 마음대로 읽어도 된다'라고 좋아하기보다는 오히려 막막한 마음이 드는 거죠. 그럴 만도 합니다. 철들고 수년간을 당연한 거라고 생각해왔던 것을 하루아침에 버리라고 한다고 쉽게 버릴 수는 없죠. 그래서 여러분께 시를 읽는 방법을 하나 소개하려고 합니다.

1 점검1–시는 위대한 작품이라는 생각

가. 시는 대화다

이 책의 제목을 보고 짐작한 분도 계시겠지만 시를 읽는 것을 특히 마음을 읽는 것과 연관지어 이야기할까 합니다. 이제 이야기할 시 읽는 방법은 여러 가지 방법 가운데 하나의 방법일 뿐입니다.

시를 마음 읽기의 방법으로 읽기 위해 먼저 해야 할 일이 있습니다. 이제까지 시에 대해 알고 있다고 생각하는 것들에 대해 다시 생각해 보는 겁니다. 가장 기본적으로 우리는 시를 종이 위에 쓰인 글자들의 집합으로 보거나, 심오한 의미를 담고 있어서 우리가 의미를 밝혀내야 할 퀴즈로 보는 것을 그만 두어야 합니다. 대신 시를 누군가가 하는 말이라고 생각할 필요가 있습니다. 그러면 시에 접근하는 것이 훨씬 쉬워질 겁니다.

시는 아무리 독백처럼 보여도 그 성질은 독백이 아닌 대화입니다. 시라는 말은 누군가가 어떤 마음을 표현하고 그 마음이 누군가에게 전달되었으면 하는 기대를 갖고 쓰여지기 때문입니다. 그렇지 않다면 시인은 왜 그 마음을 자기 안에 담아두지 않고 표현하겠어요. 게다가 아주 단순하게 말해서 누군가 그 시를 읽지 않는다면 그것이 시인지 광고문인지 알 수 없습니다. 누군가에 의해 읽혀질 때 비로소 시로 존재하게 되는 겁니다. 그러니 시에는 늘 대화의 상대자가 전제되어 있는 셈이지요.

얼굴을 맞대고 말로 직접 하는 대화가 아니니 편지가 딱 적절한 비유가 될 것 같습니다. <일 포스티노> 이야기를 다시 해볼까요? 이 영화만큼 시가 편지, 즉 대화라는 것을 잘 보여주는 사례는 없을 듯합니다. 마리오의 직업은 이 영화에서 왜 다른 직업이 아닌 우편배달부로 설정이 되었을까요? 네루다에게 온 편지를 전달해주면서 거의 매일 만나게 되고 그의 사생활을 가까이 지켜보며 시에 대해 질문할 기회를 얻게 되니 우편배달부라는 설정이 적합하긴 합니다. 하지만, 그런 목적이라면 마리오를 이웃사람이나 가정부로 설정해도 무방했을 겁니다. 그런데도 굳이 우편배달부로 설정한 데에는 이유가 있을 것 같습니다.

사실 마리오는 직업만 우편배달부가 아닙니다. 누군가의 메시지를 다른 사람에게 전달해주는 것이 우편배달부라고 한다면, 그런 의미에서도 마리오는 우편배달부입니다. 마리오는 시를 전달함으로써 베아트리체에게 자기의 마음을 전달하니까요. 네루다도 마찬가지입니다. 네루다도 그의 연인 마틸다에게 자신의 마음을 시로 표현하여 전달합니다.

하지만 여기에서 오해하지 말아야 할 게 있습니다. 편지를 포함하여 모든 대화는 단순하고 투명한 주고받음이 아니라는 점입니다. 내 의도가 그대로 상대방에게 전달되는 일은 없습니다. 덧붙여지고, 간과되고, 과잉해석됩니다.

직접 얼굴을 맞대고 하는 대화는 그런 경향이 더욱 선명하게 드러납니다. 대부분의 생각과 말들이 즉흥적이고 순간적으로 생겨나고 변화합니다. 처음부터 끝까지 무슨 말을 할 것인가 생각하고 나서 대화를 시작하지는 않습니다. 설사 그렇게 마음먹었다고 해도 대화가 일단 시작되고 나면 대화가 어디로 흘러갈지 대화 당사자도 예측할 수 없습니다.

편지도 다르지 않습니다. 편지를 쓰기 전에 무슨 이야기를 할 지 대략 방향을 잡고 시작할 수는 있겠지만, 그게 계속 유지되는 경우는 매우 드뭅니다. 초고를 쓰고 이를 다시 옮겨 쓰는 경우가 아니라면 말이죠. 쓰다보면 앞의 흐름에서 벗어나 샛길로 빠지기도 하고, 막상 하려던 말은 빼먹거나 아주 간략하게 적기도 합니다.

시는 편지나 얼굴을 마주보고 하는 대화와 달리 훨씬 더 정제되지 않느냐고 생각할 수도 있겠습니다. 시인은 자신의 말, 곧 시를 완벽하고 안정적이고 단단한 것으로 만들기 위해 전력을 다하니까요. 자신이 말하고자 하는 바를 전달하기 위해 가장 적합한 시어를 찾고, 미묘한 뉘앙스를 살리고, 행을 나눌 것인가 말 것인가를 고민하면서 단 하나의 작품을 몇날 며칠씩 다시 쓰죠.

그런 것이 가능하다고 생각하지도 않지만, 그럼에도 불구하고 만약 가능하다면, 이렇게 공들여 쌓아올린 탑이 그 완벽함을 유지하는 것은, 시가 완성된 직후의 아주 짧은 순간뿐일 겁니다. 시가 완성되기까지의 과정과 완성된 이후의 과정을 생각해보면 시 역시 편지나 다른 대화와 마찬가지로 아주 불안정하며 예측 불가능합니다.

안정되고 완벽한 짜임새를 찾기까지 시인의 머릿속은 그야말로 혼란스러운 대화의 연속입니다. 계속해서 자신과의 대화를 주고받으면서 중구난방, 뒤죽박죽으로 흘러넘치는 생각들의 실마리를 찾아가는 과정이 시를 쓰는 과정입니다. 완성된 시가 독자에게 읽혀질 때는 또 어떻고요. 대화나 편지는 자신의 의도가 제대로 전달되었는지 확인할 수라도 있죠. 시는 한 번 발송되고 나면 수신자가 어떻게 이해했는지 도저히 알 길이 없습니다. 내가 말하려던 것은 그게 아니라고 바로잡아 줄 수도 없고, 보충 설명을 해 줄 수도 없습니다.

이렇게 생각하면, 시인의 의도를 알아내는 것을 시 읽는 목적으로 삼는 것이 얼마나 무모하고 무의미한 일인지 알 수 있습니다. 시인의 의도란 어떤 것일까요? 시인으로 하여금 최초로 시를 써야겠다고 마음먹게 한 그 생각이 시인의 의도일까요, 아니면 계속해서 변해가는 생각의 흐름 전체를 시인의 의도라고 해야 할까요. 혹은, 최종적으로 산출된 작품 그 자체가 시인의 의도일까요.

시인에게 물어본다면 시인은 자신이 쓴 그 작품의 의미와 의도에 대해 말할 수 있을까요? 아마 어떤 시인은 자신의 의도를 설명할 수 있을지도 모릅니다. 하지만 그 말이 믿을 만한 말일까요? 앞서 이야기한 것처럼 작품을 쓰면서 그의 생각은 계속해서 변해왔는데 말입니다. 시인의 의도는 사탕처럼 껍질을 벗기면 나오는 게 아닙니다. 시를 쓰는 과정은 설계도를 먼저 그려놓고 그 설계도에 따라서 벽돌을 쌓아올리는 일과는 전혀 다른 방식으로 이루어집니다.

시를 대화의 과정으로 본다면, 우리는 시를 읽고서 그 작품에 대해 한 줄로 요약한 주제를 찾아야 하는 강박으로부터 자유로워질 수 있습니다. 이것이 마음을 읽는 방법으로서 시를 읽기 위해 우리가 제일 먼저 바꿔야 할 생각입니다.

나. 너에게만 처음으로 하는 말

시를 대화로 보게 되면 자연스럽게 다음의 명제가 따라오게 됩니다. 바로 대화이긴 하되, 특정한 대상과 하는 대화라는 점입니다. 우리가 대화를 할 때, 그리고 편지를 쓸 때는 불특정한 상대를 대상으로 하지 않는 것과 마찬가지입니다. 엄마에게, 특정한 친구 누구에게, 사랑하는 바로 그 사람에게 말을 하고 편지를 쓰죠. 그렇기 때문에 시는 그 대화의 상대자와 관련된 아주 특수한 감정과 태도를 갖게 됩니다. 어머니를 향한 사랑과 친구를 향한 사랑, 그리고 연인을 향한 사랑은 그 색깔과 파동이 다르니까요. 둘만이 아는 경험, 둘만의 추억, 둘만이 아는 암호, 이런 것들이 편지에 녹아나듯 시에도 그런 특수함들이 배어들게 마련입니다.

그뿐만이 아닙니다. 동일한 사람에게 갖는 감정이라고 매번 같지도 않죠. 연인에게 쓰는 편지를 예로 들자면, 다툰 후의 미안하고 서운한 감정, 오랫동안 떨어져 있을 때의 그리움, 위안을 얻었을 때의 고마움 등 그때그때마다 느끼는 감정의 색깔도 다릅니다.

그렇게 특정한 그 사람에게, 혹은 특정한 감정을 지니는 상대에게 말을 건네는 나 또한 다 같은 '나'가 아닙니다. 어머니에게 편지를 쓰는 나와 연인에게 편지를 쓰는 나는 같지만 다른 사람, 즉 특정한 나가 되는 겁니다.

이렇게 시를 특정한 사람에게 보내는 특정한 나의 말이라고 보면, 아주 흥미로운 일이 발생합니다. 특정한 사람에게 특정한 내가 특정한 상황에서 특정한 감정에 대해 이야기하는데 그것이 아주 보편적인 이야기가 되는 겁니다. <일 포스티노>는 이 신비로운 일을 아주 유머러스하게 보여줍니다.

마리오가 베아트리체에게 시로써 자신의 마음을 전달했다는 이야기는 이미 했지요. 그런데 여기에 반전이 있습니다. 마리오가 베아트리체에게 들려준 시가 사실은 네루다의 시였다는 사실입니다. 마리오는 베아트리체에게 자신의 마음을 시로 전달하려고 애를 씁니다.

그러다 결국 한 자도 적지 못합니다. 백지 위에 남겨진 것은 커다란 동그라미 하나입니다. 우리의 마리오는 언어로 된 편지를 쓰는 데 실패했던 겁니다. 대신 네루다가 연인인 마틸다를 위해 쓴 시를 베아트리체에게 전해줍니다. 말하자면 네루다라는 발신인이 마틸다라는 수신인에게 보낸 편지를 가로채서 베아트리체라는 다른 수신인에게 전달해준 거죠. 그림으로 표현하자면 이런 식이 되겠네요.

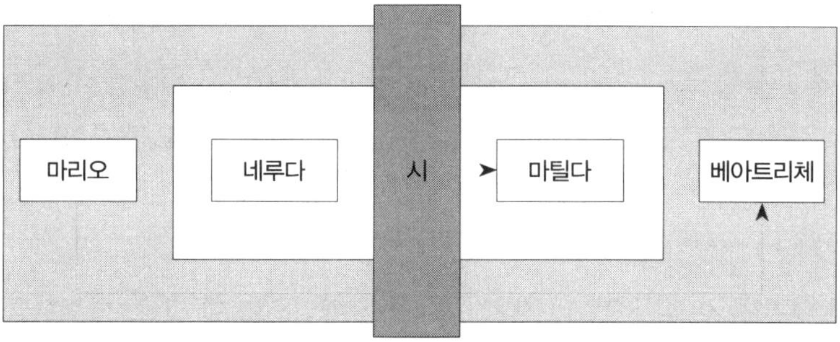

기적은 여기에서 일어납니다. 베아트리체는 그 시를 읽고 그 시에 적힌 내용, 그러니까 아름다운 여인에 대한 사랑 넘치는 묘사를 자신에 대한 마리오의 진심으로 받아들입니다. 그리고 마침내 마리오의 마음을 받아들이게 됩니다.

베아트리체만이 아닙니다. 베아트리체야 이미 눈에 콩깍지가 씌워서 마리오가 콩으로 메주를 쑨다고 해도 믿게 되었을 수도 있습니다. 하지만, 조카딸이 가난뱅이 마리오와 사귀는 것을 내내 탐탁지 않게 여기던 베아트리체의 이모도 네루다의 시가 베아트리체에 대한 것이라고 생각합니다. 그리고 격노합니다. 바로 이런 내용의 시였거든요.

> 벌거숭이, 당신은 쿠바의 밤처럼 푸르릅니다.
> 당신의 머리엔 포도나무와 별들이 있습니다.
> 당신은 여름날 사원처럼 웅장하고 황금빛입니다.

여인의 나체를 아름답게 표현한 시죠. 베아트리체의 이모는 이 시에 묘사된 "벌거숭이"가 다름 아닌 베아트리체라고 생각합니다. 거기다가 직접 보지 않고서는 알 수 없을 정도로 똑같다고 생각합니다. 결혼도 하기 전에 서로의 알몸을 보았다고 생각하지 않을 수 없는 상황이 벌어진 겁니다.

흥미롭지 않나요? 네루다가 한 말이 마리오가 한 말로, 마틸다를 향한 네루다의 마음이 베아트리체에 대한 마리오의 마음으로 이해되고 있으니 말이죠. 분명 네루다는 특정한 한 사람을 향한 특정한 감정을 특정한 언어로 썼는데 어떻게 이런 일이 일어날 수 있는 걸까요? 편지에 빗대 이야기하자면, 엉뚱한 사람이 엉뚱한 사람에게 보낸 편지를 읽었는데 그게 신기하게도 나에 대해 나의 연인이 쓴 편지로 이해된다는 거잖아요.

이는 마리오와 베아트리체 사이에서만 일어나는 일은 아닙니다. 누가 이 시를 읽더라도 마찬가지입니다. 따라서 위의 그림은 이렇게 수정될 수 있습니다.

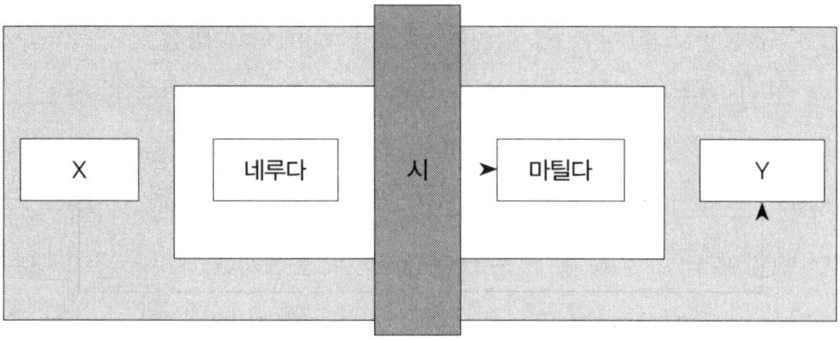

이게 바로 문학이 대화이면서도 일상의 대화와 다른 점입니다. 그리고 문학의 신비입니다. 즉, 특수한 것이 보편적인 것으로 확장되는 것 말입니다. 아니, 그 사건이 특수할수록 더욱 강력하게 보편성을 갖는다고 말할 수 있습니다.

바로 이러한 점 때문에 철학자인 아리스토텔레스는 시가 역사보다 더욱 철학적이라고 말합니다. 그에 따르면 역사는 실제로 일어났던 특수하고 개별적인 사건을 구체적으로 기록하는데 그칩니다. 하지만 문학은 이처럼 특수하고 개별적이고 구체적인 실제 사건에 기초해서 보편성을 만들어낼 수 있습니다.

물론 이때 아리스토텔레스가 말하는 문학이란 위대하고 흠 없는 인물이 시련에 빠지고 몰락하는 비극을 시의 형식으로 표현한 작품을 말합니다. 우리가 다루고 있는 개인의 감정을 표현하는 시와는 다른 종류의 것으로, 흔히 서사시라고 부르는 형식이죠. 또 그가 말하는 보편성은 작가가 플롯을 통해 사건을 재배열함으로써 창조해내는 것을 말합니다. 즉, 유일무이한 인물과 그가 벌이는 특정한 사건을 새롭게 배치해서 그러한 사건이 앞으로 일어날 가능성(개연성)과 반드시 일어나게 되어 있다는 느낌(필연성)을 만들어내는 겁니다.

특수성과 보편성의 이 놀라운 결합은 시에서도 경험할 수 있습니다. 다만, 시는 사건들의 연속을 다루는 장르가 아닌 만큼 플롯을 통해서 이러한 보편성을 만들어내지 않는다는 점이 다릅니다. 시가 특수한 것으로부터 보편성을 만들어 내는 데에는 소설에서보다 독자의 역할이 더 중요하게 작용합니다. 시는 소설과 달리 단 둘이 하는 대화의 성격이 강하기 때문입니다. 소설이 이야기되고 있는 사건, 즉 화제에 집중하는 반면, 시는 그 시를 말하는 발신자와 그 시의 수신자에게 더 집중하는 경향이 강합니다. 따라서 독자는 그 시가 자기 자신에게 전달된 말이라고 생각하기 쉽습니다. 일종의 착각입니다.

이러한 착각을 더욱 강화시켜주는 것은 시가 언어를 사용하는 독특한 방식, 즉 은유를 사용한다는 점입니다. A에 대해 이야기하기 위해서 A를 분석하고 A를 묘사하고 A를 설명하는 대신 그와 전혀 상관없는 B에 빗대어 말합니다. 전혀 연관성 없는 A와 B의 부등호(A≠B)를 등호(A=B)로 바꿔 읽어야 하는 것은 우리입니다. 네루다가 마틸다를 위해 쓴 시에는 아주 많은 은유들이 사용됩니다. 가령, "당신은 쿠바의 밤처럼 푸르다", "당신은 사원처럼 웅장하고 황금빛이다", "당신의 머리엔 포도나무와 별들이 있다" 같은 은유들은 마틸다의 아름다움을 표현하기 위해 고심한 끝에 네루다가 발견해낸 것들일 테죠. 하지만 만약 누군가 우리에게 이 시를 건네주며 나에 대한 자신의 마음을 표현한 것이라고 말한다면, 그 말을 믿지 않을 도리가 없습니다.

그래서, 아이러니컬하게도 모든 사람에게 읽혀지기를 바라고 쓴 시는 오히려 그 힘이 약합니다. 많은 사람들이 이해할 수 있을지는 모르나 깊은 감동과 놀라움을 주지는 못합니다. 반대로 좋은 작품은 가장 특수하고 가장 구체적인 감정과 상황을 담고 있습니다.

대화 상황에 빗대어 생각하면 이상할 것도 없습니다. 상대방이 누구라도 할 수 있는 뻔한 이야기를 하는 경우와 사랑하는 마음으로 나를 유심히 관찰한 사람만이 할 수 있는 이야기를 하는 경우를 비교해보죠. 우리의 마음을 움직이는 것은 당연히 후자입니다. 전자의 말은 자신의 생각을 얘기하는 게 아니라 남들이 하는 얘기를 옮기는 것처럼 여겨집니다. 이 이야기를 나에게만 하지 않고 누구에게나 할 수 있을 것 같다는 느낌도 들죠.

누구도 그런 대화를 원하지는 않겠지요. 누구나 나의 이야기에 귀 기울이고, 나에 집중하기를 바라지요. 특정한 사람을 향한 특정한 대화로 시를 읽을 때 우리가 경험하게 되는 것이 바로 이것입니다. 위대한 사상이나 멋진 표현에 탄복하기에 앞서 바로 우리에게 건네진 애정 어린 말 한 마디를 들을 수 있습니다.

2 점검2 – 시는 시인의 것이라는 생각

가. 누구의 말인가 – 정체성에서 주체성으로

시는 대화라고 했습니다. 그것도 아주 특정한 사람이 특정한 사람에게 하는 말이라고 했습니다. 그렇다면 시를 읽다는 것은 그 말을 하는 특정한 사람의 마음을 이해하는 일이라고 보아도 되겠습니다. 그런데 그게 누구일까요? 시인일까요?

보통 그렇게 생각합니다. 시를 쓴 것은 시인이니까요. 시인이 그런 어휘를 선택하고, 그와 같은 문장으로 말을 하는 당사자인 것은 맞습니다. 그래서 독자인 우리는 시인의 머리에서 나와 시인의 손을 거쳐 종이 위에 모습을 드러낸 말을 읽는 거죠.

하지만 시라는 말을 시인의 것이라고 보는 경우, 몇 가지 곤란한 문제가 생깁니다. 예를 들어 어른인 시인이 썼지만 어린아이가 말하는 것 같은 작품이 있습니다. 김소월의 <엄마야 누나야> 같은 시가 좋은 예입니다. 분명 김소월이 성인이 되어서 쓴 시인데 그 시를 말하는 사람은 어째 어린아이 같죠. 춘향이 같이 실존하지 않는 인물의 말로 표현되는 경우는 어떤가요. 이런 예들은 독자가 읽고 있는 시를 시인의 것이라고 생각하기 어렵게 만듭니다. 하지만 소설에서는 이런 일이 드물지 않습니다. 사건을 서술하는 사람을 실제 그 소설을 쓴 소설가로, 거기에서 다뤄지는 사건을 소설가의 실제 경험으로 보지는 않죠. 마찬가지로 시도 소설처럼 허구적인 면을 갖고 있다고 생각하면 이런 문제는 해결됩니다.

보다 복잡한 경우는 그 말이 명백히 시인의 것으로 보일 때입니다. 시에서 시인의 실제 삶의 흔적들을 찾을 수 있는 경우에 그렇지요. 그러나 설사 그렇다 하더라도 그 말을 하는 인물을 시인과 정확히 같은 존재라고 할 수는 없습니다. 이미 앞에서 이야기했습니다만 그 시에서 이야기하고 있는 내용, 그 시에서 표현하고 있는 감정, 그 시에서 사용하는 어휘들은 시인의 일부에 지나지 않기 때문이죠. 즉, 특정한 상황에서 특정한 감정과 특정한 생각을 갖고 있는 특정한 순간의 시인의 말이라고 할 수 있습니다.

억지스럽다고요? 네 그렇게 보일 수도 있습니다. 시라는 말의 주인은 시인이 아니며, 설사 시인이 물리적으로 그 시를 썼다 하더라도 시인이라는 존재는 우리가 당연하게 생각하듯 그렇게 확실하게 알 수 있는 존재는 아니라는 이러한 생각은 우리의 일반적인 생각과 상반되니까요. 그렇기 때문에 낯설고 또 동의하기 어려울 수도 있습니다. 그런데 이 문제는 보다 거창한 문제와 관련되어 있습니다. 인간과 세계를 이해하는 관점 말입니다.

우리가 한 말을 우리의 것이라고 생각하는 것은 우리가 무엇인가를 소유할 만큼 확실하고 분명하게 존재한다고 믿기 때문입니다. 하지만 어떤 관점에 의하면 우리는 생각만큼 안정적이지 않고 또 확실하게 존재하지 않습니다. 말하자면 우리의 정체성(identity)은 경계도 불분명하며 불안정하고 일관되지도 않다는 거죠. 이러한 관점을 탈구조주의적인 관점, 혹은 해체적인 관점이라고 합니다.

정체성이란 바로 그 사람임을 확인할 수 있음을 뜻합니다. 우리말의 '~다움'이 가장 적절한 표현이겠네요. '나답다', '철수답다'는 말은 어떤 행동이나 성질로부터 '나'나 '철수'라는 것을 확인할 수 있을 때 사용합니다. 반대로 '나답지 않다', '철수답지 않다'고 했을 때, 그 말은 '나'나 '철수'와 어떤 언행이 어울리지 않는다는 뜻을 갖습니다. 여기에는 이미 '나다움', '철수다움'이라는 것이 존재한다는 생각이 전제되어 있습니다.

하지만, 드라마에서도 자주 나오잖아요. 누군가 '너답지 않게 왜 그래?'라고 말하면 '나다운 게 뭔데?'라고 되묻는 장면 말입니다. 이것처럼 우리의 정체성이 불확실하고 모호하다는 것을 잘 보여주는 장면은 없는 것 같습니다. 이 말은 네가 나에 대해 아는 게 뭐냐는 질문이기도 하지만 보다 근본적으로 '나다운 것'이 존재한다는 사실, 특히 타인이 나를 규정하려는 것에 대한 부정이자 거부이기도 합니다.

과연 정체성이라는 것이 있는 건지 의심스럽기는 합니다. 사실 나의 정체성을 나도 알고 너도 안다고 생각했는데 속을 들여다보니 나도 모르겠고 너도 모르겠다고 느껴지는 경우가 종종 있잖아요. 게다가 내가 생각하는 나와 네가 생각하는 나, 그리고 그가 생각하는 나는 같지 않습니다. 이 중에 어떤 것이 진짜 나일까요? 내가 생각하는 나가 나다움일까요, 아니면 내 친구가 생각하는 나가 나다움일까요?

내가 생각하는 나가 나의 진짜 정체성이라고 말하기도 쉽지 않을 겁니다. 솔직히 자신을 들여다본다면 다른 누구보다 우리 자신이 우리의 모순과 불일치, 모호함을 잘 알 테니까요. 청소년기에 한 번씩 해봤음직한 나는 누구일까라는 의문, 혹은 나는 까도 까도 알맹이가 나오지 않는 양파 같다는 생각이 진실에 가까울 지도 모릅니다. 탈구조주의자들은 이러한 경험적인 사실을 부정하지 않습니다. 그리하여 우리가 안정적이라고 믿고 있는 정체성이란 우리가 필요에 의해 만든 허상일 뿐이고, 사실 우리는 매순간 새롭게 구성되는 존재라고 천명하지요. '~다움'에 대한 이런 의심쩍은 면들을 강조하기 위해 탈구조주의자들은 '정체성' 대신 '주체성(subjectivity)'이라는 말을 더 즐겨 사용합니다.

그렇다면 우리는 왜 우리의 정체성이 일관되며 통일되어 있다고 생각할까요? 우선 정체성은 유아기와 청소년기를 거치며 형성된다고 보죠. 그 이후에도 가끔 변덕을 부리거나 상황에 따라 변하기는 하지만, 그것은 일시적인 것일 뿐, 기본적으로 각자의 고유한 본성과 특질은 변하지 않는다고 봅니다. 그래서 지난주에는 다정했던 친구가 어제는 무심하다가 오늘은 냉정하게 굴어도 우리는 지난주의 친구와 어제의 친구, 그리고 오늘의 친구를 어렵지 않게 하나의 정체성으로 수렴할 수 있습니다. 앞뒤가 안 맞는 말을 해도 그건 그 친구가 잠시 착각을 하거나 성격적인 결함이 있다고 생각하지요. 즉, 모든 인간이 매일, 매순간 새롭게 변하는 것을 근본적인 변화로 보지 않는 거죠.

이런 식으로 생각하면 유용한 점이 많습니다. 나는 누구인가, 너는 누구인가, 그리고 그는 누구인가 하는 질문을 매번 하지 않아도 됩니다. 나도, 너도, 그도 매순간 달라진다고 생각하면 어떤 일이 벌어질까요? 한 치 앞도 예측할 수 없으니 아무 것도 믿을 수 없고 또 막막하지 않겠어요? 그 어떤 것도 영원히 그리고 도저히 알 수 없다는 무지의 공포감도 만만치 않을 것 같습니다. 내 자신을 못 믿는 것도 문제지만, 상대방을 믿을 수 없게 되는 것도 큰 문제입니다. 상대방이 지금 한 말도, 약속도 믿을 수 없는 사회는 총체적인 불신과 불통의 사회가 될 테니까요. 말하자면, 이 사회는 안정된 정체성에 대한 믿음 위에 세워지고 유지된다고 할 수 있습니다. 자신의 정체성, 그리고 서로의 정체성에 대한 신뢰가 있기 때문에 소통도 가능하고 신념과 상식도 공유할 수 있다고 생각하는 거죠.

하지만 다른 한편으로 안정적이고 확실한 정체성에 대한 믿음은 여러 가지 부작용도 낳습니다. 최근에 들어 가장 심각한 문제 가운데 하나는 정체성에 관한 문제입니다. 여자답지 않다거나 남자답지 않다는 말, 학생답지 않다거나 선생답지 않다는 말 같은 것이 흔한 예입니다. 이런 표현 속에는 성, 나이, 인종, 종교, 피부색 같은 것이 정체성의 기반이라는 생각이 담겨 있습니다. 그것이 무엇이든 간에 '~다움'이라는 정체성이 존재한다고 가정하고 그 기준 하에 우리다움과 우리답지 않음을 구분하고 있는 거죠. 그리하여 가볍게는 남성답거나 여성답지 않은 사람들을 비난하고, 보다 심각하게는 우리 고향 사람답지 않은 사람들을 배제하고, 우리 민족 같지 않는 사람들을 추방하는 편견과 차별이 발생합니다.

다시 시의 이야기로 돌아옵시다. 이 책은 정체성의 문제에 대해 전통적인 관점과 후기구조주의적인 관점 가운데 후자에 조금 더 기울어져 있습니다. 즉, 어떤 시가 있다고 할 때, 고정적이고 통일된 정체성 따위는 없다고 생각하며, 그렇기 때문에 시를 시인의 것이라고 보지 않을 것입니다. 그렇게 되면 시를 읽을 때도 시인의 의도를 알아야 하는 부담으로부터 자유로울 수 있습니다. 이는 시를 우리 자신에 대한 이야기로 읽을 수 있게 합니다. 그리고 더 나아가 마음 읽기를 연습하는 방법으로서 대할 수 있게 됩니다.

나. 모두의 말, 모두의 생각 – 텍스트성에서 상호텍스트성으로

어떤 특정한 말을 하는 존재를 시인과 분리하여 본다고 해도 이 말하는 누군가를 뭐라고 부르긴 해야 합니다. 시론에서는 독자가 어떤 시를 읽고 그런 말을 하는 존재라고 머릿속에 떠올리는 인물을 '화자(speaker)'라고 부릅니다.

시론에서는 또한 화자의 종류를 여성, 남성, 어린이, 지식인, 노동자 등과 같이 분류해서 소개하기도 합니다. 하지만 이런 식의 분류는 오해의 여지가 있습니다. 정체성이라는 것이 안정되게 존재한다는 생각을 떠올리게 할 수 있거든요. 이 책에서는 '화자'라는 용어를 그저 실용적인 이유에서 사용하는 하나의 표현으로 사용할 것입니다.

화자는 말하자면 대명사와 비슷합니다. 가령, '나'라는 일인칭 대명사가 가리키는 대상은 대화의 맥락에서 그 말을 사용하는 사람입니다. 그게 바뀌면 '나'는 영희도 될 수 있고, 경수도 될 수 있습니다. 누구라도 '나'라는 대명사를 사용할 수 있고, 누가 사용하느냐에 따라 그 대명사가 가리키는 존재가 달라지는 것처럼, 어떤 시의 화자 역시 그 시를 누가 읽느냐에 따라 달라질 수 있습니다. 우리가 시를 읽을 때마다 그 화자는 새롭게 출현하게 됩니다. 즉, 화자는 독자가 시를 읽으면서 만들어진다는 거죠. 독자가 시를 읽기 전에 (시인은 존재하고 있을지 모르지만) 화자는 존재하지 않습니다. 존재하더라도 희미하게만 존재합니다.

그렇다면 화자가 하나의 존재로 한정되어 있지 않은 것은 너무나 당연한 일이겠습니다. 이 말인 즉, 한 작품에도 화자가 여럿 있을 수 있다는 건데, 동일한 시를 읽더라도 어떤 독자는 이 말을 40대 남성 노동자의 말로 생각하기도 하고 또 다른 독자는 시골 농부의 말로 생각할 수도 있으니까요. 같은 시를 같은 독자가 읽는 경우도 비슷합니다. 20대에 그 시를 읽을 때 떠올린 화자와 50대가 되어 그 시를 읽을 때 떠올리는 화자는 다를 수 있습니다.

시라는 말의 주인을 시인이 아니라 정해지지 않은 존재, 시를 읽어 감에 따라 만들어지는 존재로 보아야 할 이유는 무엇일까요? 우선 이렇게 시를 읽는 것은 하나의 관점이며, 이 책의 목표가 여러분이 시 읽기를 통해 마음을 읽는 데 도움이 되게 하려는 데 있음을 다시 한 번 강조합니다.

그리고 시라는 말을 시인으로부터 떼어 놓는다면 자유를 얻을 수 있다고 조금 거창하게 그 이유를 다시 반복할 수 있겠습니다. 즉 그 시를 읽는 순간 누구라도 그 말의 주인이 될 수 있으며, 조금 비약해서 말하자면 그 시를 읽으면서 우리가 그 시를 다시 쓰는 일이 가능하게 됩니다. 바로 이러한 점 때문에 시를 읽는 과정은 화자를 구성해가는 과정이며, 화자를 구성해 가는 과정은 나를 구성해가는 과정이 될 수 있습니다. 다시 말해, 시를 읽음으로써 나를 이해하고 발견할 수 있으려면 시를 시인에게서 떼어 놓을 필요가 있다는 말입니다.

이렇게 어려운 이야기할 것도 없이 마리오 얘기를 하면 될 것 같습니다. 앞서, 마리오가 네루다의 시를 자기 것인 양 베아트리체에게 전달해주었다고 했었죠? 그 사실을 알게 된 네루다가 어째서 남의 시를 함부로 도용하느냐고 나무랍니다. 그때 마리오가 한 말이 걸작입니다. "시란 쓴 사람의 것이 아니라 그 시를 필요로 하는 사람의 것입니다." 네루다는 어이가 없다는 듯이, 그러나 허를 찔렸다는 듯이 마리오를 그저 바라보기만 합니다.

가만히 생각해보면 이런 일은 우리도 자주 경험하는 일입니다. 어떤 글을 읽다가, 혹은 영화를 보다가, 아니, 이건 어제 내가 일기장에 썼던 말 아니야, 이건 내가 어제 그녀한테 한 말인데, 하며 놀란 적이 있잖아요. 마치 작가가 나의 말을 듣고 쓰기라고 한 것처럼 말이죠. 바로 그 순간이 우리가 그 시의 화자, 그 영화의 주인공, 그 이야기의 서술자가 된 순간이라고 할 수 있습니다.

이러한 생각 또한 이론적인 근거가 있습니다. 후기구조주의자들은 안정적인 정체성도 부정하지만 말도 그 말을 한 사람의 것이 아니라고 생각을 합니다. 이 세상에 존재하는 모든 말은 이미 누군가가 했던 말이고, 우리는 모두 이런 말들을 인용하는 것에 불과하다고 보는 거죠. '상호텍스트성(intertextuality)'이라는 용어로 가리키는 현상이 바로 이것입니다.

이것 또한 이론적이기만 한 어려운 얘기는 아닙니다. 가령, 내가 하는 말의 출처를 생각해봅시다. 그 중에 나 자신으로부터 순수하게 나온 말이 과연 얼마나 될까요? 일부는 나의 부모님에게서, 또 다른 일부는 나의 친구들에게서 온 말임을 부정하기는 어려울 겁니다. 어디 그뿐인가요. 대중매체, 영화나 소설, 언론과 세간에 떠도는 유행어들, 역사와 철학, 법, 경제학의 말들이 뒤범벅이 되어 나의 말들을 이루고 있습니다. 다시 한 번 어려운 말을 사용하자면, 이러한 말들의 집합, 말들의 그물망을 '담론(discourse)'라고 부릅니다. 즉, 우리는 이 담론으로부터 우리의 말을 잠시 빌려다 쓰는 것뿐입니다. 오롯이 나의 것인 말은 없습니다만 만약 그런 말이 존재한다면 그 말은 아무도 이해하지 못할 겁니다. 세상에 존재하지 않는 자기만의 언어를 발견하려는 시인들의 시도는 그래서 위대하며 그래서 무모한 거겠지요.

독자인 우리가 할 일은 그런 말들을 우리 각자의 방식으로 번역하는 것입니다. 세상에 이미 존재하는 무수한 말들을 이용해서 우리 각자의 처지에 맞게 마치 거미처럼 우리 각자의 마음을 언어라는 그물망으로 짜내는 것, 그럼으로써 이 세상을 뒤덮은 거대한 담론의 귀퉁이에 우리의 자리를 만드는 것입니다.

3 시 읽기-마음을 읽는 대화

가. 질문하고 대답하고, 다시 질문하고

시를 읽는 과정은 화자를 구성해가는 과정이며, 화자를 구성해 가는 과정은 나를 구성해가는 과정이라고 했습니다. 그렇다면 구체적으로 어떤 과정을 거치게 될까요?

화자를 파악하고 화자의 마음을 이해하는 것은 대화를 통해 이루어집니다. 누구와의 대화냐가 중요합니다. 표면적으로는 우리와 화자의 대화입니다. 하지만, 화자와 대화를 한다는 것은 말이 안 되는 것처럼 보입니다. 분명 앞에서 화자는 대화의 결과물로서 구성되는 것이라고 했으니 아직 존재하지 않는 것과 대화할 수는 없는 법이니까요.

하지만 화자가 어떤 사람인지 알지 못한다 뿐이지 화자가 존재하지 않는 건 아닙니다. 앞서 화자를 '대명사'에 비유한 것을 떠올려 보시길. 시를 읽으면서 화자를 만들어 간다는 것은 화자가 어떤 존재인지 파악해 간다는 뜻입니다. 계속 존재하지 않다가 시 읽기가 끝나면서 뿅, 하고 나타나는 게 아니라 처음부터 계속해서 조금씩 수정되고 변화하고 바뀌면서 구체화되어 간다는 겁니다. 다시 한 번 비유를 하자면, 화자는 내용이 비어있는 어떤 틀(frame), 혹은 형체나 윤곽이 희미한 어떤 상이라고 할 수 있습니다. 그리고 시를 읽으면서 그 밑 그림을 채워나가거나 형체를 뚜렷하게 만드는 과정이 바로 화자를 구성하는 과정인 거죠.

대화의 상황을 생각해보면 그리 신기한 이야기도 아닙니다. 어떤 사람을 처음 만났을 때 우리는 그가 존재한다는 것, 그의 외양만 알 뿐 그에 대해서는 전혀 알지 못합니다. 하지만 그와 대화를 하죠. 대화를 하면서 그에 대해 파악해 가죠. 화자를 구성하고, 화자의 마음을 파악하는 것은 정확히 이와 일치합니다.

이 대화는 독자와 화자 사이에서만 이루어지는 것은 아닙니다. 독자는 화자를 구성하는 과정에서 끊임없이 자신과도 대화를 합니다. 이 문제 역시 일상의 대화 상황와 비교하며 생각해보기로 하죠. 일상의 대화에서도 대화에 깊이 참여하고 있는 사람이라면 상대방의 말을 열심히 경청하면서도 마음속에서 무수히 많은 질문들을 떠올립니다. 그저 수동적으로 듣고만 있는 게 아닙니다. 이 사람의 말이 맞을까 틀릴까, 이 사람은 왜 이런 말을 하는 걸까, 이런 말을 하는데 왜 표정이 저럴까, 이 사람은 그런 일을 겪으면서 얼마나 힘들었을까, 이런 일을 왜 그런 식으로 처리했을까 등등. 이런 의문 중 일부는 상대방에게 직접 묻고, 어떤 질문은 영원히 풀리지 않는 의문으로 간직하며, 대부분의 질문들은 그저 흘려보냅니다. 표로 표현하면 이런 식이 되겠네요.

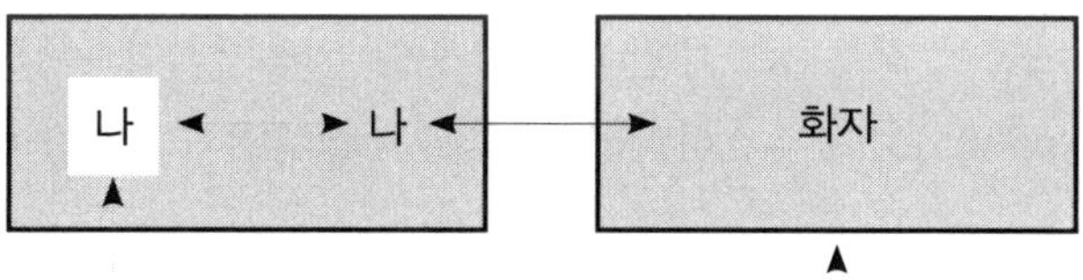

시를 읽는 것이 화자와 독자의 대화이면서 사실은 독자인 나와 나의 대화라는 말은 이런 뜻입니다. 한편으로는 화자와 대화하고 있지만, 다른 한편으로는 끊임없이 자기 자신과 대화를 하는 거죠. 질문을 던지고 그에 대한 답을 하면서 말입니다.

그런데, 우리가 찾아내는 대답도 오로지 우리 독자만의 생각은 아닙니다. 우리가 던지는 질문도 그렇고 대답이 그렇고 그 출발점은 화자가 한 말에서 비롯되기 때문입니다. 즉, 화자의 말들과 독자 자신의 경험과 견해, 그리고 독자 자신의 생각들이 만나는 겁니다. 따라서 모든 질문과 대답은 화자를 향한 질문이면서 독자 자신을 향한 질문입니다. 마찬가지로 대답도 이 둘 모두로부터 나온 대답입니다.

때로는 우리가 찾은 대답이 화자를 파악하는데 도움이 되는 퍼즐 한 조각이 될 수도 있고 오히려 더 헷갈리게 만드는 장애물이 될 수도 있습니다. 만약 아귀가 잘 맞지 않는다면 다시 질문이 생겨납니다. 그리고 다시 우리 자신과 대화를 합니다. 질문은 화자와 독자가 어긋나는 지점, 화자와 독자가 서로 통하지 않는 간극이 있음을 의미합니다. 이 질문은 화자의 상황을 이해하고자 하는 욕망이 만들어낸 것이라는 점에서 반드시 필요합니다.

그런데 대답도 우리가 하기 때문에 그 대답을 몰라도 일단 넘어가고 보자, 라는 유혹에 빠지기 쉽습니다. 게다가 이 대화는 그 성격 상 우리가 찾아낸 대답이 맞는지 틀린지, 제대로 맥락을 잡은 것인지 아니면 엉뚱한 방향으로 흘러가고 있는 것인지도 확인할 수 없습니다. 그렇기 때문에 질문하고 대답하는 일을 포기하고 싶어지기도 합니다. 그러나 여기에서 중요한 것은 질문하고 대답하기를 멈추지 않는 겁니다.

이제 마음 읽기로서 시를 읽기 위해 필요한 실질적인 이야기를 하겠습니다. 가장 기본적인 것은 시어를 꼼꼼히 읽는 겁니다. 대화의 가장 기본적인 자세가 상대방의 말을 경청하는 것이라는 점을 떠올리면 왜 꼼꼼히 읽기가 중요한 지 이해할 수 있을 겁니다. 더구나 시는 오직 문자만 갖고 그 말을 한 사람을 떠올려야 하니 그 문장을 주의 깊게 들여다 볼 필요는 더 커집니다.

일반적으로 우리는 시의 구절을 읽자마자 그 구절의 의미를 파악하려고 합니다. 아니, 특별히 노력할 것도 없이 자연스럽게 그 문장이 말하는 바가 무엇인지 알게 됩니다. 게다가 어려운 단어도 없고, 복잡한 이야기를 하는 것도 아니니 한국어를 모국어로 사용하는 사람이라면 단번에 그 말의 의미를 알게 됩니다. 그리고 곧바로 다음 문장으로 넘어갑니다.

이것이 바로 마음 읽기로서 시 읽기 위해 바꿔야 할 또 하나의 습관입니다. 시는 그렇게 읽으면 안 됩니다. 그런 식으로 읽으면 한 문장 한 문장, 한 구절 한 구절의 의미는 알겠는데 시 전체적인 의미를 이해하지 못하는 상황이 벌어집니다. 시를 어렵다고 생각하게 되는 사태가 발생하는 거죠.

그렇다면 도대체 어떻게 하면 좋을까요? 정신을 집중하는 것, 즉 상대방과 함께 존재하도록 애써야 합니다. 그리고 대화를 하는 것입니다. 이를 위해 대략 다음의 세 단계를 거치게 됩니다. 첫 번째는 상대방과 함께 존재하기 위한 세계를 구축하는 것. 두 번째 단계는 공감하는 것. 그리고 마지막 단계에 이르러 분석하고 사유하는 것. 그 구체적인 과정은 다음 장에서 <자화상>을 함께 읽으며 직접 연습해 보기로 하고, 이렇게 대화를 하는 것이 어째서 우리의 마음을 읽는 것과 연관되는지에 대해 먼저 이야기해보도록 하겠습니다.

나. 불가능성의 가능성

더 이야기를 진행하기 전에 한 가지 짚고 넘어갈 게 있습니다. 마음을 읽는 것과 연관지어 시를 읽는 방법에 대해 이야기한다고 했으니 시를 읽으면 사람들의 마음을 잘 이해하게 되지 않을까 기대하는 분도 계실 것 같습니다. 다른 사람의 마음을 잘 이해해서 소통을 잘하고 그래서 갈등없이 좋은 관계를 유지하며 행복하게 살게 되리라고 말이지요. 시는 사람의 마음을 다루는 것이니만큼 시를 많이, 깊이 읽으면 다양한 마음들에 대해 알게 될지도 모르겠습니다.

하지만, 다양한 마음들에 대해 안다고 해서 마음을 이해하게 되는 것은 아닙니다. 사실을 미리 말씀 드리자면 이 책은 결국 시 읽기의 실패, 마음 읽기의 실패에 대해 이야기하게 될 것입니다. 사람의 마음을 이해한다는 것은 거의 불가능에 가까운 일이니까요.

실망하셨나요? 하긴 우리는 종종 누군가를 이해했다고 생각하기도 하고, 나의 마음을 진짜로 이해해주는 사람을 만났다고 생각하기도 합니다. 또 특별히 다른 사람을 잘 이해하는 사람이 있는 것도 같습니다. 하지만 과연 우리는 다른 사람을 이해한 것일까요? 사람이 사람을 이해하는 일이 가능하기나 한 걸까요? 우리는 이해한다는 것을 정확히 어떤 상태라고 생각하는 걸까요? 그러니 먼저 '이해한다'는 말의 의미를 정확히 따져보기로 하죠. 그러면 시 읽기의 실패, 마음 읽기의 실패라는 것이 사실은 실망할 일이 아니라는 말에 수긍하실 수도 있을 것 같습니다.

사전을 찾아보니 '이해'라는 것은 "깨달아 알다. 잘 알아서 받아들이다, 남의 사정을 잘 헤아려 너그러이 받아들이다"라는 뜻을 갖고 있네요. 말하자면 이해한다는 것은 '알다'와 '받아들이다'라는 두 가지 행위로 이루어진 거라고 말할 수 있겠습니다. 우선 앎에 대해 먼저 이야기해보죠. 앎에 관해 이제는 고전이 된 노래가 하나 떠오릅니다. 이선희가 한창 시절 불렀던 <알고 싶어요>라는 노래입니다.

달밝은 밤에 그대는 누구를 생각하세요
잠이 들면 그대는 무슨 꿈 꾸시나요
깊은 밤에 홀로 깨어 눈물 흘린적 없나요
때로는 일기장에 내 얘기도 쓰시나요
나를 만나 행복했나요 나의 사랑을 믿나요
그대 생각하다보면 모든 게 궁금해요

하루 중에서 내 생각 얼만큼 많이 하나요
내가 정말 그대의 마음에 드시나요
참새처럼 떠들어도 여전히 귀여운가요
바쁠 때 전화해도 내 목소리 반갑나요
내가 많이 어여쁜가요 진정 날 사랑하나요
난 정말 알고 싶어요 얘기를 해주세요

상대방에게 건네는 총 12개의 질문은 모두 그의 마음을 알고 싶은 간절함을 담고 있습니다. 상대방을 이해하고 싶은 마음이 얼마나 간절한지 알 수 있죠. 그런데 왜 상대방의 마음을 이토록 간절하게 알고 싶은 걸까요? 12개의 질문이 있지만 알고 보면 이 모든 질문은 하나의 질문으로 귀결됩니다. '당신은 나를 사랑하나요?' 이 사실을 알고 싶은 겁니다. 여기에서 한 번만 더 생각해 봅시다. 당신이 나를 사랑하는지 알고 싶다고 묻고 있지만 사실은 '당신이 나를 사랑하기를 바랍니다'라는 말을 하고 있는 것 아닐까요?

이처럼 상대방의 마음을 이해하고 싶다고 질문을 하지만, 우리 마음속에는 아주 분명한 욕망이 있는 것 같습니다. 즉, 듣고 싶은 말은 이미 정해져 있는 거죠. 만약 '당신은 나를 사랑하나요?'라고 물었는데, 그가 '미안하지만 아닙니다'라고 말한다면 '아, 그런가요?' 하면서 돌아서기는 힘들잖아요. 어째서 나를 사랑하지 않느냐고, 나는 이렇게 온 힘을 다해 당신을 사랑하는데, 너무한 거 아니냐고 화를 내지 않을까요? 그러니 이해하고 싶다고 하면서 사실 우리는 우리가 원하는 대답을 상대방이 해주기를, 나와 같은 마음이기를 바라고 있는 겁니다.

혹시, '아 그렇습니까?'라고 상대방의 말을 받아들였다고 칩시다. '받아들이는 것'은 앞에서 이야기했던 이해하기의 두 번째 조건이었죠. 그렇다고 해서 그것이 상대방을 이해하는 것이라고 할 수도 없습니다. 우리는 종종 상대방의 미움을 받지 않기 위해, 상대방을 마음 아프게 하지 않으려고 상대방의 말에 동의를 표하기도 하니까요. 그런 경우 오히려 관계는 좋지 않게 끝난다는 것을 알고 있습니다. 내가 너를 이해해서 너의 뜻에 동의했는데, 너는 어떻게 내 마음을 이렇게 몰라주느냐며 서운해 하는 마음이 생기기 쉽습니다.

듣고 싶은 말을 듣는 것을 이해하는 것이라고, 같은 생각을 갖게 되는 것, 더 적나라하게 말하면 내가 아니라 상대방이 나의 마음과 같은 마음을 갖는 것을 이해하는 것이라고 생각하면, 대화도 상대방과 내가 같은 생각, 같은 마음을 갖게 만드는 과정이 됩니다. 하지만, 그런 목적의 대화라면 백 번이고 천 번이고 실패할 수 밖에 없습니다. 그런 마음으로 대화를 하면 할수록 정말 통하지 않는다는 사실만 확인할 뿐입니다. 그리고 깊은 외로움과 좌절을 안고 나의 마음을 이해해줄 사람, 말이 잘 통할 새로운 사람을 찾게 되거나 결국 아예 사람을 이해하기를 포기하고 대화도 거부하게 됩니다. 알 수 없으니 알려고도 하지 않는 거죠.

이는 나의 잘못도 그의 잘못도 아닙니다. 물론 남의 이야기를 들으려고 하지 않고 자기 이야기만 하려는 경우는 제외하고 이야기하는 겁니다. 이해하려는 준비도 되어 있고, 이해하려는 노력도 하는데 이해할 수 없는 경우를 말하는 겁니다. 다른 사람이 어떤 마음을 갖고 있는지 아는 것은 거의 불가능한 일입니다. 다른 사람의 마음을 알았다고 해도 그가 나의 뜻과 다른 걸 비난하거나 실망하지 않고 그대로 인정하기까지는 정말이지 내공이 보통 쌓여야 하는 게 아닙니다. 그러니까 누군가의 마음을 이해하지 못하는 것은 예외적인 사건이 아니라 당연하고 자연스러운 일입니다.

그렇다면 이런 의문이 생길 수 있습니다. 다른 사람의 마음을 이해할 수도 없다면 대화를 왜 해야 하는 걸까, 그런 대화를 계속하는 것이 무슨 의미가 있을까, 하는 의문 말입니다. 다른 사람의 마음을 알고 받아들이기 위해서라기보다는 나의 마음을 알고 받아들이기 위해서라고 하면 어떨까요?

나조차도 나의 마음을 이해하지 못하는 경우가 얼마나 많은가 생각하면 다른 사람의 마음을 이해하는 게 급한 일이 아닙니다. 당시에는 몰랐는데 두고두고 생각이 난다거나 뒤늦게 화가 나는 일이 있다면, 그것도 우리가 우리의 마음을 모르기 때문입니다. 이유도 모르게 누군가를 미워하고, 매번 비슷한 상황에서 비슷한 실수를 저지르고, 그렇게 후회하고도 비슷한 사람과 사랑에 빠지는 것도 마찬가지입니다. 이런 일들이 반복될 때마다 우리는 우리 자신에게 실망하거나 자포자기하지요. 우리가 우리의 마음을 알기만 해도 실망하거나 상처받는 일은 훨씬 줄어들 겁니다.

시를 읽으며 질문을 던지고 그에 대해 답을 하는 과정에서 우리는 우리의 마음을 알게 됩니다. 마음은 뜬구름과 같아서 잡으려고 해도 잡을 수 없고, 또 계속 변하기까지 합니다. 하지만 이제 소개할 방법으로 시를 읽으면 우리의 마음이 어떻게 변해가는지 의식할 수 있게 됩니다. 마치 거울에 얼굴을 비춰보듯, 시에 마음을 비춰보는 겁니다. 그리고 이런 과정에 익숙해지면 혹시 모르죠. 다른 사람의 마음이 변해가는 것도 알아볼 수 있을지요. 그 마음을 붙잡으려고 하지 않고, 바꾸려고 하지 않고 그저 바라보게 될 수 있을지도 모릅니다. 그게 어쩌면 진짜 이해, 진짜 대화인지도 모르겠습니다. 두 개의 마음이 함께 흘러가는 거 말입니다.

마그리트의 그림 <연인>은 이를 잘 보여주는 것 같습니다. (그런데, 이게 마그리트의 그림인지 마그리트의 그림을 보고 제가 상상해낸 그림인지 정확하지 않습니다. 분명히 본 기억이 있는데 아무리 찾아봐도 이런 그림을 찾을 수가 없네요. 혹시 아는 분이 계시면 얘기해주시길.) 연인이 키스를 하고 있는 이 그림은 두 명의 투명 인간이 붕대로 연결되어 있는 것처럼 표현이 되어 있습니다. 어떻게 보면 섬뜩합니다. 붕대 사이로 보여야 할 눈코입이나 피부는 없고 빈 공간이 있기 때문입니다. 그렇지만 이 두 사람이 하나의 붕대로 이어져 있다는 것은 두 사람이 통하고 있다는 것을 의미합니다.

이 지점에서 마음을 끄는 건 서로의 모습을 알지 못한 채 연결된다는 것, 심지어 각자의 정해진 모습조차 갖지 않고 있다는 겁니다. 어쩌면 이해한다는 것, 그리고 진짜 대화라는 것은 이와 같은 것인지도 모르겠습니다. 나와 너의 경계가 사라져버리는 것, 나의 나다움과 너의 너다움이 사라져버리고 두 마음이 함께 흘러가는 것 말입니다. 화자와, 그리고 우리 자신과 대화하는 시 읽기는 이를 가능하게 해줄지도 모르겠습니다. 그렇다면, 이제 어렵고 골치 아픈 얘기는 그만 하고, 본격적으로 시를 읽는 3단계에 대해 이야기하겠습니다.

3

어떻게 읽을 것인가

시를 읽는 3단계

시를 읽으며 화자를 떠올리는 과정, 즉 화자, 그리고 나와 대화하는 과정은 대략 다음의 세 단계로 진행할 것을 권합니다. 첫 번째는 화자가 떠올렸을 법한 이미지를 떠올리는 것, 두 번째 단계는 화자가 느꼈을 법한 감정을 떠올리는 것. 그리고 마지막 단계에 이르러 이 모든 과정들을 분석하는 것입니다.

이 세 단계가 분명하게 구분되는 것은 아닙니다. 이 단계들은 각각 상상, 공감, 사고라는 세 가지 정신 작용에 대응하는데, 우리 머릿속에서 이러한 작용들이 순서대로 명확히 구분되어 일어나는 것은 아니니까요. 이 단계들은 질문들의 범주를 구분해 놓은 것 정도라고 이해하시면 될 것 같습니다. 즉, 시를 읽으면서 머릿속에 동시다발적으로 별의별 궁금증들이 생기겠지만, 의식적으로 구분하여 각 단계에서 해야 할 질문들을 하고 그 답을 찾는 대화를 해보자는 겁니다.

중요한 것은 이 모든 과정이 하나라도 제대로 이루어지지 않는다면 마음의 흐름을 따라가 보려는 우리의 목적을 이루기 어렵다는 점입니다. 따라서 앞 단계를 건너뛰고는 다음 단계의 작업을 제대로 수행하기 어렵고, 반대로 제일 마지막에 해야 할 작업을 먼저 해버리면 그 앞의 작업들이 제대로 이루어지기 힘듭니다.

이 대화는 앞서 이야기했듯이 질문과 대답의 형식으로 이루어집니다. 질문은 일차적으로는 작품이 우리에게 불러일으킨 질문입니다.

다른 말로 하면 화자의 말이 우리에게 질문을 불러일으키는 거죠. 이 질문은 곧바로 화자에게 되돌려지고 동시에 우리 자신에게도 던져집니다. 대답 역시 일차적으로는 작품에서 찾아야 합니다. 다른 말로 하면 화자의 말에서 답을 찾아야 한다는 거죠. 그러나 아마도 대부분 화자의 말만으로는 충분한 대답을 얻기 어려울 겁니다. 그래서 우리 자신의 경험도 들여다 보아야 합니다.

이 복잡한 과정을 그림으로 표현하면 다음과 같습니다.

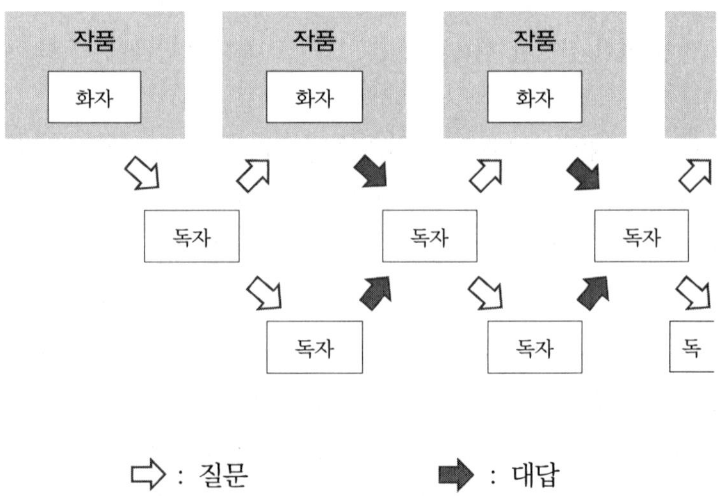

본격적인 대화에 들어가기에 앞서 먼저 해야 할 일이 있습니다. 이는 시를 천천히 읽으면서 대략적인 내용을 파악하는 일입니다. 화자의 윤곽을 그리고, 그를 어디에 위치시킬지 대강의 자리매김을 하는 단계가 될 것입니다. 일종의 첫인상을 그리는 거라고 할 수 있겠네요.

우리가 함께 읽을 <자화상>을 예로 들어보죠. 화자는 어느 가을밤에 도시보다는 시골에 가까운 곳에서 경험한 일에 대해 이야기하고 있습니다. 밤에 홀로 우물에 가서 우물을 들여다보았고, 그 우물에서 한 사나이의 얼굴을 보게 되고, 그리고 그 사나이에 대한 복잡한 감정을 느꼈다는 게 경험의 전부입니다.

어려울 것 없는 내용입니다. 오히려 너무 쉬워서 더 이상 어떻게 감상하면 좋을지 모를 지경입니다. 그래서 이런 식으로 내용을 파악하고 감상을 끝낼 수도 있습니다. 대부분 이렇게 읽고 끝내지요. 하지만 마음을 읽기 위한 방법으로서 시를 읽고 싶다면 여기에서 끝내서는 안 됩니다. 이 쉽고도 단순한 것처럼 보이는 화자의 말을 어떻게 읽느냐에 따라 그야말로 수천수만 가지의 생각과 감정, 상상을 발견할 수 있습니다. 그것은 우리 자신의 마음, 그리고 다른 누군가의 마음에서 벌어질 법한 일들이지요.

네루다의 이야기를 참고할 수 있을 것 같습니다. 마리오가 네루다의 시 가운데 이해가 가지 않는 부분에 대해 설명해달라고 물었을 때, 네루다는 자신이 시로 표현한 대로 말고는 다른 말로 표현할 수 없다고 말합니다. 만약 다른 말로 표현하게 되면 진부해진다고 하면서요. 대신 시를 이해하는 다른 방법을 알려줍니다. 그것은 "그 감정을 직접 경험해보는 것"입니다. 그렇다고 상실의 아픔을 이해하기 위해 일부러 상실의 경험을 할 수는 없는 일이지요. 대신 우리가 이미 경험한 감정을 떠올리는 방법이 있을 겁니다. 단순히 무슨 말인지 의미를 파악하고 넘어가는 것이 아니라 시의 감정을 경험해 보아야 한다는 말입니다. 그러니 화자의 윤곽을 대략적으로 파악하는 것에서 멈추지 말고 이어지는 다음 단계로 나아가야 합니다. 그게 바로 다음에 설명할 내용입니다.

화자의 윤곽을 그리는 단계에서 유념해야 할 것이 더 있습니다. 이 단계에서는 그 각각의 의미나 수사법 같은 것들에 대해서는 깊이 생각하지 않는 것이 좋습니다. 이러한 것에 먼저 신경을 쓰기 시작하면 상대방의 말을 놓치기 쉽습니다. 또한 섣불리 화자가 어떤 사람인지 판단하는 것도 피해야 할 일입니다. 자신을 액자 안의 그림처럼 취급하는 비평가와 대화하고 싶어하는 사람은 아무도 없습니다. 이렇게 대강의 스케치를 했다면 이를 바탕으로 대화를 시작합니다.

이제 본격적으로 이 3단계에 따라 어떤 질문과 어떤 대답을 할지, 윤동주의 <자화상>을 함께 읽어 보겠습니다. 이러한 대화는 어디까지나 하나의 예시일 뿐이라는 사실을 마지막으로 강조하면서요.

1 공존의 토대 만들기

가. 상상하라, 감각을

첫 번째 단계는 화자와 독자가 우리가 함께 존재할 세계를 구축하는 과정입니다. 상대방과 함께 존재하려면 어떤 공간, 어떤 세계가 있어야 합니다. 화자의 말을 토대로 그가 처한 상황, 그가 본 것, 그가 들은 것, 그러니까 그가 감각한 것을 가능한 구체적으로 떠올리면서 하나의 세계를 만드는 것이 이 단계에서 해야 할 일입니다. 따라서 화자는 무엇을 보았는가, 무슨 소리를 들었는가, 무슨 냄새를 맡고 무슨 감촉을 느꼈는가와 같은 질문을 해야 합니다. 즉, 화자의 말을 근거로 그가 한 감각적 경험을 구체화하는 질문을 던지는 것입니다.

그 질문에 대한 대답은 일차적으로 화자의 말에서 찾아야 합니다. 그러나 화자의 말에서 충분한 단서를 찾기는 쉽지 않다고 했습니다. 따라서 화자에게 던졌던 질문을 우리 자신에게 하여야 합니다. 내가 화자와 비슷한 감각적 경험을 한 적이 있었던가, 그때 내가 보고 듣고 감각한 것은 무엇인가 등등.

이러한 질문들에 대한 답은 우리가 감각기관을 통해 경험했던 과거의 장면들 속에서 찾을 수 있습니다. 이로서 화자가 경험한 감각과 우리가 경험한 감각이 씨실과 날실처럼 짜이면서 화자와 독자가 공존하게 될 세계가 차차 모습을 드러냅니다. 따라서 그 세계는 화자의 것만도 독자인 우리만의 것도 아닙니다.

이 일련의 과정을 바로 상상이라고 합니다. 상상은 그 영어 표현 'imagination'이 보여주듯 이미지로 나타낸다, 혹은 이미지를 떠올린다는 것을 뜻합니다. 흔히 이미지라고 하면 시각적인 것만을 생각합니다만, 본래 의미는 보다 포괄적입니다. 즉, 소리, 맛, 냄새, 촉감 같이 우리의 감각 기관을 통해 받아들인 모든 자극들을 다시 떠올린 결과물을 이미지라고 합니다.

여기에서 중요한 것은 '다시 떠올린다'는 겁니다. 감각 기관을 통해 받아들이는 것 자체는 이미지가 아닙니다. 그건 감각적인 경험입니다. 이미지는 라틴어 'imago'에서 유래되었다고 하는데, 이 명사는 '모방하다'라는 뜻을 가진 라틴어 동사에서 파생된 거라고 합니다. 이쯤에서 앞서 언급한 '재현(representation)'이나 '모방(mimesis)'를 떠올렸다면, 맞습니다. 이미지는 원래 존재하던 것, 즉 원본을 다시 존재하게 하는 것, 모방하는 것과 연관되어 있습니다. 따라서 감각 기관을 통해 받아들인 것이 원본이라면, 이미지는 복사본이 되겠네요.

예를 들어볼까요? 만약 동해에 가서 시퍼런 바다를 바라보며 볼을 에는 듯 차가운 바닷바람의 감촉을 느끼고 또 거친 바람 소리를 들었다면, 그리고 비릿한 짠내를 느꼈다면 이때의 시각, 촉각, 청각, 후각적인 체험은 이미지가 아닙니다. 이는 감각기관을 통해 직접적으로 자극을 받아들이는 과정, 즉 감각에 해당합니다. 그러다가 어느 따뜻한 봄날, 지난겨울 바닷가에서 느꼈던 냄새, 장면, 소리, 추위 같은 것들이 떠올랐다면, 그게 바로 이미지입니다. 지금 눈앞에 바다가 없어도 그때의 추위와 냄새, 소리 같은 것들을 생생하게 떠올릴 수 있습니다.

우리의 머릿속은 우리가 경험했던 감각들을 다시 상연해주는 하나의 극장입니다. 화가나 사진가, 조각가들의 가장 큰 욕망은 자신의 머릿속에 떠오른 이런 이미지들을 다른 사람에게도 보여주고 싶어 하는 것인지도 모릅니다. 시인들은 어떨까요? 그들은 이런 시각 예술가보다 훨씬 더 대담한 것을 추구합니다. 오직 언어만을 통해서 이미지를 떠오르게 하려니 말입니다.

이미지 떠올리기, 즉, 상상하기는 시를 포함한 언어예술 감상의 가장 중요한 과정입니다. 이는 보지 않고, 냄새 맡지 않고, 듣지 않고, 그 어떤 직접적 자극 없이, 오로지 언어를 읽거나 듣고 이미지를 떠올린다는 점에서 완전히 자유롭고도 독립적인 경험이기도 합니다. 존재하지 않는 것으로부터 존재하도록 하는 것, 여기에 없는 것을 있게 하는 것을 창조라고 한다면, 이미지를 떠올리는 것이야말로 물질을 전혀 동원하지 않고 무에서 유를 창조하는 행위이기 때문입니다.

나. 우물에 비친 풍경

이미지를 구체적으로 떠올리기 위해서는 화자의 말을 주의 깊게 들어야 합니다. <자화상>에서 화자는 다음과 같은 말로 자신의 이야기를 시작합니다.

> 산모퉁이를 돌아 논가 외딴 우물을 홀로 찾아가선 가만히 들여다봅니다.

이 첫 마디는 우리에게 여러 가지 궁금증을 불러일으킵니다. 하지만 그중에서도 화자가 경험했던 세계를 구체화하기 위한 질문들에 먼저 집중을 합니다. 다음과 같은 질문이 그에 해당합니다. 외딴 우물을 찾아가는 길은 어떤 길이었을까? 그 산은 어떤 산이었을까? 거기에서 무엇을 보았고 무슨 소리를 들었을까? 그 논은 어떤 논이었을까? 그 우물은 어떻게 생겼으며, 우물 주변의 분위기는 어땠을까?

그 대답은 화자와 독자의 경험이 함께 직조될 때 발견될 수 있습니다. 가령, 그 과정은 이런 식으로 진행될 수 있겠습니다. 산모퉁이를 돌고, 논가도 지나니 그 풍경은 분명 우리가 아는 도시의 그것과는 거리가 멉니다. 아마 이 산은 설악산이나 지리산처럼 높고 큰 산은 아닐 겁니다. 그렇다면 "산모퉁이"라고 표현하지는 않았을 테니까요. 게다가 등산을 하는 것처럼 보이지도 않습니다. 그저 가을의 어느 달 밝은 밤, 잠시 산책을 나온 것에 불과한 것처럼 보입니다. 그러니 이 산은 시골의 어느 작은 마을이 깃들어 있는 야트막한 산이 아닐까요? 그 산 주변으로는 논과 밭이 펼쳐져 있고, 아마 인가 몇 채가 그 산 아래 자리 잡고 있을 테지요. 우리나라 시골 풍경이 대개 그러하듯이 말이죠.

이 날은 또 달이 밝고 바람이 부는 가을밤이라고 했습니다. 시골의 밤을 경험한 사람이라면 이 분위기를 구체적으로 떠올리는 게 보다 쉬울 겁니다. 달이 우물물에 비출 정도라니 주변의 논밭과 나무도 보일 정도로 환한 밤이었을 것입니다. 무서움 보다는 고요함과 명상적인 분위기로 느껴집니다. 시골길이니 바닥은 부드러운 흙으로 되어 있을 테고, 가을이라니 풀벌레 울음소리가 들릴지도 모르겠네요. 요란하게 울어대던 풀벌레 소리는 그의 발자국 소리가 들리면 뚝 그쳤다가 그의 발자국 소리가 멀어지면 다시 울기 시작하겠죠. 이런 것들이 바로 화자가 한밤중에 혼자 논가를 걸어가며 보고 듣고 감각했던 것들일 겁니다.

"논가 외딴 우물"이라고 했으니 동네에서 제법 멀리 떨어진 곳까지 온 거 같습니다. 그러니 이 우물이 있는 주변은 조금 으슥할 수도 있겠네요. 잡초가 자라고 돌이 굴러다닐지도 모릅니다. 환한 달빛과 가끔 불어오는 청량한 가을바람이 썰렁하다고 느껴질 수도 있고, 반대로 시원하다고 느껴질 수도 있을 겁니다. 어쨌든 그는 우물을 들여다봅니다.

> 우물 속에는 달이 밝고 구름이 흐르고 하늘이 펼치고 파아란 바람이 불고 가을이 있습니다.

그가 우물 속에서 본 것은 한 폭의 수채화 같은 풍경입니다. 더 말할 필요도 없습니다. 하지만 이 정도로는 우리가 화자와 같은 공간에 존재한다고 여기기에 부족합니다. 가장 단순하게는 화자가 보고 있는 달이 보름달인지 초승달인지, 구름은 새털구름이었는지 양털구름이었는지도 모르니까요. 그러니 우리의 질문은 화자의 말을 그림으로 표현할 수 있을 정도가 될 때까지 계속되어야 합니다.

역시나 화자는 대답을 해주지 않으니 우리는 그 대답을 우리의 모든 기억과 경험 속에서 찾아보아야 합니다. 가령 이런 것일 수 있겠지요. 불빛 많은 도시에서는 좀처럼 드문 달 밝은 밤을 떠올려 보십시오. 달이 밝아 밤인데도 하늘이 짙은 파랑색을 띠는 밤 말입니다. 시원한 바람이 여러분의 볼에 와서 부딪히는 감각을, 그 바람에 구름이 흘러가는 모습을 떠올려 보십시오. 그 모든 것들은, 바람이 우물물에 만든 잔물결 때문에 조금씩 흔들리며 계속 변합니다. 그리고 그 풍경 속에서 한 사나이의 얼굴이 비치기 시작합니다.

그리고 한 사나이가 있습니다.

이 사나이는 누구일까요? 이 사나이는 어떻게 생겼나요? 이 사나이는 어떤 표정을 짓고 있나요? 문제는 화자의 말에서는 "한 사나이"가 우물물에 비춰보였다는 사실 말고는 더 이상 그 사나이에 대해 알 수 있는 정보를 찾을 수 없다는 겁니다. 곧바로 그 사나이에 대한 자신의 감정을 표현하고 있습니다.

만약 우리가 이 일련의 문장들을 문학이 아니라 과학책에서 본 것이라면 화자가 우물에서 본 사나이는 분명 '화자' 자신의 얼굴일 것입니다. 과학적으로 수면은 피사체는 비추게 되어 있고, 그 피사체는 수면을 바라보는 원상(原象)이어야 합니다. 그러나 이 말은 시의 말, 그러니까 주관적인 감정이 개입된 말입니다. 그러므로 우물물에 비친 사나이가 반드시 화자 자신이라고 할 수는 없습니다. 특히, 우리는 화자를 시인과 구분하기로 했기 때문에 우물에 사나이가 비친다고 해서 화자 또한 남자라고 단정 지을 수 없습니다. 화자가 여성일 수도 있고, 소년일 수도 있는 거죠. 따라서 우물에 비친 사나이는 화자의 아버지, 화자의 친구, 혹은 화자가 증오하는 사람, 혹은 사랑하는 사람일 수도 있습니다.

사나이에 관한 감각적 정보가 전무하기 때문에, 우리가 사나이에 대해 떠올릴 수 있는 것은 '일단' 여기까지입니다. 그보다 더 나아갈 수 있지만 누차 언급했듯, 우리의 대답은 화자가 한 말의 범위를 지나치게 벗어나지 않아야 합니다. 이 단계는 구체적인 장면을 떠올리는 단계이니 화자가 사나이를 보고나서 우물을 떠나는 과정을 상상하는 데 더 집중하도록 하죠.

어쩐지 그 사나이가 미워져 돌아갑니다.

돌아가다 생각하니 그 사나이가 가엾어집니다. 도로 가 들여다보니
사나이는 그대로 있습니다.

다시 그 사나이가 미워져 돌아갑니다.
돌아가다 생각하니 그 사나이가 그리워집니다.

우물을 떠났다가 되돌아가는 화자의 행위는 제3자의 입장에서 보면 고개가 기우뚱해질 법합니다. 하지만 우리는 화자의 말을 통해 이러한 행위가 우물에서 본 사나이에 대한 화자의 복잡한 감정 때문이라는 것을 짐작할 수 있습니다. 그리고 여기에 더해 이런 일련의 행동들을 보다 구체적으로 떠올릴 수 있습니다. 여러분이 영화감독이라면 주인공에게 이 장면을 어떻게 연기하라고 지시했을까 생각해보면 쉽습니다.

저라면 물끄러미 우물을 들여다보다가 첫 번째로 떠날 때는 빠른 걸음으로 우물을 떠나라고 요구했을 겁니다. 마치 도망치듯, 혹은 빨리 그 자리를 벗어나고 싶다는 듯 급한 걸음걸이 말입니다. 사나이에 대한 미운 마음 때문에 우물을 떠났다는 것을 화자의 말에서 알 수 있으니까요. 그러다가 문득 걸음을 멈췄겠죠. 그 순간이 바로 그 사나이가 가엾은 생각이 드는 순간일 것입니다. 다시 우물로 향하는 발걸음은 어땠을까요? 우물을 떠날 때처럼 빠른 걸음이었을까요, 아니면 그보다는 느긋하게 걸어갔을까요? 다시 우물에 도착했을 때는 주저함 없이 우물 안을 들여다보았을 겁니다. 우물로 돌아온 목적과 우물에서 보고자 하는 대상이 분명하기 때문에 머뭇거릴 이유가 없습니다.

그리고 잠시 후 다시 우물을 떠납니다. 정말로 우물을 떠나는 참입니다. 이때의 발걸음은 처음 우물을 떠날 때와는 달랐을 것 같습니다. 보다 단호한, 그러나 체념이 어린 걸음이 있다면 그런 것이 아니었을까요. 혹시나 이번에는 그의 모습이 달리 보일까 하는 기대가 깨어졌으니 그럴 만도 합니다. 그러다가 차차 발걸음이 늦어지겠지요. 미워하는 마음이 가시지 않아 돌아섰지만 우물에서 멀어질수록 그리운 마음이 생겼다고 했으니까요.

이 부분은 오로지 화자의 행동과 감정에만 초점이 맞춰져 있습니다. 그러는 동안에도 외부의 많은 자극들이 그의 감각을 통해 흘러들어 갔겠지만 다른 것은 눈에 들어오지도, 들리지도 않습니다. 말하자면, 이 순간은 화자가 외부로 향한 감각의 촉수를 거둬들이고 자기 세계에 집중하는 순간입니다. 그래서 우리는 그가 무엇을 감각했는지 알 수 없습니다. 대신 그의 행동을 관찰자처럼 관찰할 뿐입니다.

이 시의 마지막 부분은 초반부와 비슷한 것 같지만 전혀 다릅니다.

> 우물 속에는 달이 밝고 구름이 흐르고 하늘이 펼치고 파아란 바람이 불고 가을이 있고 추억처럼 사나이가 있습니다.

초반의 말이 우물에서 화자가 보았던 것을 묘사한 것이라면, 이 마지막의 말은 화자의 머릿속에 떠오른 장면을 이야기하고 있는 것이라고 할 수 있습니다. 왜냐하면 화자는 이미 우물을 떠나왔고 다시 돌아갔다는 말도 없기 때문입니다. 아마도 화자는 우물을 떠나서 왔던 길을 되짚어 집으로 돌아가는 내내 우물에서 보았던 풍경과 그 사나이를 생각했나 봅니다.

여기까지가 화자가 보고 듣고 감각했을 장면들을 떠올린 것입니다. 그러나 여기에서 대화를 그친다면 소통이 이루어졌다고 보기 힘듭니다. 화자의 상황에 나를 대입해보는 것이 필요합니다. 우리가 화자의 입장이었다면 무엇에 주목하고 무엇에 신경이 쓰였을까요?

수업 시간에 학생들과 이 시를 읽으며 이와 같은 질문을 하면 아주 흥미로운 대답들이 나옵니다. 상상력을 동원해서 이 시의 화자가 말하는 장면을 충실히 이미지화하도록 한 후 다음과 질문을 합니다. 만약 여러분이 화자와 마찬가지로 어떤 이유에서건 잠을 이루지 못하다가 우물을 찾아갔다면, 가을 풀벌레 소리가 들리고 달빛이 쏟아지는 산모퉁이를 돌아 논둑길을 따라 한참 걸어 우물을 찾아갔다면, 그리고 그 우물을 들여다보았다면 거기에 무엇이 보였을 것 같나요?

대답은 제각각입니다. 물론 단연코 가장 많은 학생이 본 것은 자신의 얼굴입니다. 그리고 <자화상>의 화자처럼 자연 풍경을 보았다고 하는 학생들도 많습니다. 개중에는 부모님의 얼굴, 연인의 얼굴을 보았다는 학생도 있습니다. 특이하게 아무 것도 보이지 않고 깜깜한 어둠밖에 없더라는 학생도 있고 또 마른 우물 바닥과 거기에 버려진 쓰레기만 보인다는 학생도 있습니다. 화자가 걸었던 길을 함께 걷고 화자가 보고 감각한 것들을 함께 감각하며 우물을 들여다보았지만 거기에서 발견한 것은 각기 다릅니다.

그러나 이 정도로는 충분하지 않습니다. 이 단계에서 가장 중요한 것은 이제까지 반복해서 이야기했듯 이미지화하는 것이기 때문입니다. 누군가의 '얼굴'이 보였다고 하면, 어떤 표정을 짓고 있는지, 그 얼굴이 선명하게 보이는지 흐릿하게 보이는지, 얼마나 크게 보이는지, 달이 보였다면 그 달은 얼마나 크고 어떤 빛을 띠고 있으며, 반달인지 초승달인지, 구름도 함께 보였는지 등에 대해 더 자세하게 떠올려 봐야 합니다.

그제서야 학생들은 자신이 보았을 법한 것을 보다 선명하게 그리기 시작합니다. 똑같이 자신의 얼굴을 보았다고 하더라도 어떤 학생은 자신이 환하게 웃고 있었다고 하는 반면, 또 다른 학생은 흐릿하게만 보여서 표정을 알 수 없었다고 합니다. 또 금방 자고 일어난 것처럼 푸석푸석해 보인다는 학생도 있습니다. 어둠 말고는 아무 것도 안 보였다고 한 학생도 이런 식으로 구체적으로 떠올려 보라는 질문을 받으면 아무 것도 안 보이는 대신 물의 비릿한 냄새와 차가운 냉기가 느껴지는 것 같다고 말하기도 합니다.

시를 읽는 모든 단계 가운데 이 단계가 가장 중요한 단계입니다. 화자가 경험했던 감각들을 구체적으로 떠올리지 못하면 다음 단계, 즉 화자에게 정서적으로 공감을 할 수도 없고, 시를 제대로 감상할 수도 없습니다.

일상의 대화에서도 마찬가지입니다. 대화가 실패하는 첫 번째 원인은 상대방이 겪었던 상황과 경험들을 머릿속으로 생생하게 떠올리지 못하는 데 있습니다. 누군가의 얘기를 듣고 '뭐 그런 일 갖고 그렇게 슬퍼한담'이라는 생각이 들었다면, 그것은 상대방의 말이 과장되었기 때문도 아니고, 상대방이 겪은 일이 실제로 대단한 일이 아니어서도 아닙니다. 상대방은 생생하게 경험했던 것을 떠올리지 못했기 때문입니다. 그 일에 대한 상대방의 감정을 받아들일 준비가 안 되어 있는 거죠.

거듭 말하지만 상상은 화자의 경험과 나의 경험이 결합하여 이루어지는 것입니다. 공동의 발판을 만드는 일입니다. 이 공동의 발판이 마련되어야 공감도 할 수 있고, 비판도 할 수 있습니다. 이 위에서 이루어진 대화만이 진정한 대화입니다.

함께 해 봅시다

1. 화자의 말을 주의깊게 경청하면서 그의 말을 근거로 화자가 보고 듣고 만지고 냄새맡은 것들, 즉 감각하였던 것들을 아주 구체적으로 표현해 봅시다.
2. 특히 2연에 주목해서, 여러분이 화자와 같은 과정을 거쳐 우물에 도착해서 우물을 들여다보았다면 여러분 눈에는 무엇이 보였을지에 대해서도 구체적으로 표현해봅시다. 가급적이면 아주 자세하게 묘사하는 것이 중요합니다.

2 감정의 교류

가. 함께 느껴라, 감정을

화자의 감각적 경험을 구체적으로 이미지화했다면 이제 두 번째 단계로 넘어갈 차례입니다. 바로 화자의 감정을 공유하는 것입니다. 화자의 감각적 경험을 함께 경험하면서 그런 경험이 화자에게 어떤 감정을 불러 일으켰는지 떠올려 보는 겁니다. 따라서 이 단계에서는 화자의 감정에 대한 질문이 주를 이룹니다. 그 대답 역시 일차적으로는 작품에서 찾아야 합니다.

그런데, 작품에는 그 감정이 직접적으로 진술되어 있을 수도 있고 그렇지 않을 수도 있습니다. '외롭다', '화가 난다', '슬프다' 같은 감정 단어들로 자신의 감정을 드러내는 경우는 어려울 게 없습니다. 하지만 시는 감정 단어를 사용하여 감정을 직접 토로하지 않는 경우가 더 많습니다.

실제 대화라면 상대방의 표정을 살피면서 감정을 짐작해볼 수 있을 겁니다. 말로는 아무렇지도 않다고 하지만 눈빛이나 입매, 고개를 숙인 각도 같은 것에서 우리는 상대방이 어떤 감정을 갖고 있는지 알아챌 수 있죠. 하지만 우리는 화자를 직접 볼 수 없으니 어떻게 하면 좋을까요?

일단, 앞 단계의 대화를 충실하게 진행했다면 이미 화자가 느꼈을 법한 감정을 함께 느꼈을 가능성이 높습니다. 화자가 보고 듣고 감각한 것을 떠올리는 동안 우리의 마음은 돌처럼 가만히 있는 게 아니니까요. 화자의 말에 살을 붙여가며 세계를 만들어 가는 동안, 과거 우리가 이와 비슷한 상황에서 느꼈던 감정들이 마음속에 다시 살아나게 될 겁니다.

화자의 말투에 주의를 기울이는 것도 방법입니다. 사람마다 고유한 말투가 있습니다. 차분하고 조용하게 이야기하거나, 거침없고 빠르게 이야기하거나, 특정한 어휘를 특정한 방식으로 발음한다거나, 언제나 문장의 말꼬리를 흐린다거나, 긴 문장을 끊지 않고 계속 얘기하거나…… 등등. 이와 같이 어떤 인물의 특징적인 말투를 소설이나 산문에서는 '문체'라고 하고 시에서는 '어조'라고 부릅니다. 화자의 어조는 그의 성격이나 사회적 지위, 나이 등, 흔히 정체성이라고 부르는 것을 짐작하게 하는 단서이기도 하지만 화자의 감정 상태를 암시하기도 합니다.

이 역시 문제는 화자의 목소리를 직접 들을 수 없다는 데 있습니다. 아무래도 한계가 있을 수밖에 없겠죠. 대신 화자가 사용하는 어휘의 종류, 문장의 길이나 어순 같은 것들에 주의를 기울여야 합니다. 이와 같은 음운론적, 형태론적, 통사론적 차원의 징표들이 의미론적 차원의 징표(화자가 말하고자 하는 주제, 주제에 대한 화자의 태도 등)와 함께 작동하면서 화자를 어떤 특정한 존재로 인식하도록 하고, 동시에 그러한 말을 하는 화자의 감정도 느껴지게 합니다.

하지만 이 단계에서는 어떤 요인이 그와 같은 어조, 그와 같은 감정으로 읽혀지게 만드는가에 대해서는 굳이 생각하지 않아도 됩니다. 아니, 그런 생각은 하지 않아야 합니다. 다만 여러분이 무엇을 느끼고 있는지 집중하고, 그것을 잊지 않도록 하는 게 중요합니다. 왜 그런 느낌들이 생겨났는지를 분석하다가는 감정의 흐름이 끊어질 수도 있으니까요.

중요한 것은 그 다음입니다. 화자가 어떤 감정을 느꼈는지 아는 것으로는 부족합니다. 상대방이 슬퍼하는 것을 아는 것과 그와 함께 슬픔을 느끼는 것은 전혀 별개의 일인 것과 마찬가지입니다. 그렇기 때문에 이 순간 우리는 단순하지만 중요한 질문을 우리 자신에게 던져야 합니다. 화자가 느꼈다고 생각하는 외로움을, 혹은 분노를, 슬픔을 느낀 적이 있는가, 그때 나의 마음은 어땠는가, 그때 내가 느꼈던 감정과 지금 이 시에서 화자가 느끼고 있는 감정은 얼마나, 그리고 어떻게 비슷하거나 다른가, 같은 질문들을 우리 자신에게 해야 합니다.

화자가 자신의 감정을 직접적으로 언급하거나 언급하지 않는 경우 모두 자신이 경험했던 감정을 대입해봄으로서 화자의 감정을 미루어 짐작하게 됩니다. 이것을 흔히들 '공감(共感)'이라고 합니다. 영어로 공감을 뜻하는 'Sympathy'의 어원은 'σύν(같이)+πάθoς(고통)', 즉, '함께 느낀다', 특히 타인의 고통을 함께 느낀다는 뜻을 가집니다.

하지만 공감은 똑같은 감정을 갖는다는 것을 의미하지 않습니다. 다른 사람과 똑같은 감정을 갖는 것은 절대적으로 불가능합니다. 나는 그와 다르기 때문입니다. 그래서 공감은 타인의 감정으로 인해 우리가 과거에 느꼈던 감정을 다시 느낀다는 데 더 큰 의의가 있습니다. 그럼으로써 역으로 타인의 감정에 대해서는 다만 미루어 짐작할 수 있게 되기를 기대할 뿐입니다. 과거의 감정을 다시 느낄 때 우리 마음의 빗장은 느슨해집니다. 그 틈을 타서 우리는 보다 수월하게 우리 마음을 들여다 볼 수 있습니다. 그러나 그 마음은 마지막 단계를 거쳐야만 선명해집니다.

나. 사나이에 대한 감정

<자화상>에서 화자의 감정은 두 가지 방식으로 유추할 수 있습니다. 작품의 전반부와 후반부가 다른 방식으로 감정을 표현하고 있기 때문입니다. 감정이 거의 드러나있지 않은 전반부는 화자의 어조 및 말하는 내용을 종합함으로써 화자의 정서를 추측합니다. 화자의 감정이 직접 언급되어 있는 후반부는 우리 각자의 경험을 참조함으로써 더욱 구체화될 수 있습니다.

우선 이 시의 전반부를 볼까요. 여기에서는 감정을 직접 표현하는 말을 하나도 찾아볼 수 없습니다. 하지만 우리는 여기에서도 어떠한 정서를 느낄 수 있습니다. 화자가 걸었을 법한 길과 화자가 보았을 법한 것들, 또 들었을 법한 소리 같은 것을 떠올리는 동안 우리의 정서도 이미 함께 움직이기 시작하니까요.

그렇지 않다면 다음과 같은 질문을 의도적으로 해보는 것도 도움이 됩니다. 화자가 아무도 없는 밤 산모퉁이를 돌 때 어떤 느낌이었을까요? 인적이 없으니 무서웠을까요? 아니면 바깥바람을 쐬니 화자로 하여금 깊은 밤 집을 나서게 만든 답답함이 사라졌을까요? 풀벌레 소리 들리는 가을 논길을 따라 달빛 속을 걸으면서 화자는 어떤 감정을 느꼈을까요? 요란히 울다가도 화자의 발자국 소리만 들리면 갑자기 멈추는 풀벌레 소리와 그때 찾아오는 고요에 마음이 평화로워졌을까요, 아니면 서글픔을 느꼈을까요? 우물에 도착했을 때는, 그 우물에 다가가는 동안에는, 그리고 그 우물을 들여다보았을 때는 또 어떤 느낌이었을까요?

적어도 우물 속에서 사나이의 얼굴을 보기 전까지는 화자의 감정이 그렇게 불편하거나 가라앉지는 않았던 것 같습니다. 하지만 처음

집을 나서서 한동안은 마음이 편치 않았을 수도 있습니다. 화자를 잠 못 이루게 하고 집 밖으로 나오게 만든 이유가 아직은 강하게 영향을 미치고 있을 테니까요. 그러다가 차차 안정을 되찾기 시작했을 겁니다. 자연 속에서 몸을 움직이기 시작하면서 잡념이 사라지고 어느새 마음이 평온해지는 일은 우리도 흔히 경험하는 일이지요. 특히 우물 속에서 본 자연 풍경이 아름답게 그려지고 있다는 데서, 그리고 그 풍경을 우리에게 전달하는 어조가 다소 흥분되어 있다는 것에서 가벼운 희열까지도 감지됩니다.

물론, 이런 느낌들은 어디까지나 저의 느낌입니다. 여러분은 또 다르게 생각할 수 있습니다. 그렇다고 아무 근거도 없이 그저 제 멋대로 이야기하는 것은 아닙니다. 그렇게 느낄 만한 단서들은 화자의 말에 숨어 있습니다.

가령, 화자가 우물을 찾아가기까지의 심정이 초조함에서 평온함으로 바뀌었다고 생각할 수 있는 근거는 그 문장 구조에서 찾을 수 있습니다. 화자는 <①산모퉁이를 돌다 ②우물을 찾아가다 ③우물을 들여다본다>는 세 가지 행위를 하나의 문장으로 이야기하고 있습니다. 이 세 가지 연속된 행위들은 창문으로 가서 창문을 열고 밖을 내다보는 것처럼 짧은 시간에 이루어지는 행위가 아닙니다. 적어도 한두 시간은 걸려 벌어질 법한 일들이지요. 그런 일들을 한 문장으로 표현하니 호흡이 빠르다고 느껴지고, 호흡이 빠르다고 느껴지니 다소 다급한 감정을 갖고 있다고 생각되는 것 같습니다.

하지만 이러한 행위들을 수식하는 "외딴", "홀로", "가만히" 같은 어휘들은 이와 같은 빠른 말투와 대조됩니다. 대체적으로 차분하고 정적이며 조용한 의미들을 갖고 있는 수식어들이죠. 특히, 이 문장의 마지막 부분에 사용된 "들여다봅니다"라는 동사에서는 고요한 기대

감까지 느껴집니다. 이 문장에 사용된 다른 어떤 단어들보다 많은 음절을 발음하는 데서 오는 속도감이 있지만, 무엇인가를 자세히 살핀다는 단어의 뜻, 그리고 이 동사를 꾸며주는 "가만히"라는 부사가 서로 충돌하면서 고요한 긴장감을 만들어내는 거죠.

2연에서 우물 속 가을밤 풍경을 이야기할 때의 어조에서는 경이와 가슴 벅참, 그리고 가벼운 흥분 같은 것들이 느껴집니다. 이러한 고조된 감정은 바로 뒤에 오는 사나이에 대해 언급할 때와는 선명하게 대조됩니다. 이 또한 일차적으로는 문장의 구조에서 비롯됩니다. '달이 밝다', '구름이 흐르다', '하늘이 펼치다', '파아란 바람이 불다', '가을이 있다'와 같이 주어와 서술어로만 이루어진 동일한 구조의 단문 5개를 '~고'라는 접속어미를 사용하여 한 문장으로 말하고 있기 때문에 호흡이 빠르게 느껴집니다. 사나이에 대한 감정을 표현하는 부분에서는 한 문장에 하나나 두 개의 행동만 담고 있는 것과 대조되지요. 하지만 그 전달하는 내용은 자연 풍경에 대한 예찬에 가까운 진술이기 때문에 이 빠른 호흡은 부정적인 긴장감이 아닌 경이나 흥분 같은 긍정적인 긴장감을 표현하고 있는 것으로 여겨집니다.

그런데 사실 이런 분석은 이 단계에서 할 것은 아닙니다. 앞에서도 당부했다시피 이러한 분석은 제일 마지막 단계에서 해야 합니다. 대화가 끝난 후 차분히 함께 나눴던 대화를 돌아볼 때 가능한 일이기도 하고요. 화자가 말하고자 한 내용과 그의 말투를 종합적으로 되새겨 봐야지만 어떤 요인이 우리로 하여금 상대방으로부터 그런 느낌을 받도록 만들었는지 알게 되니까요. 그런데도 이와 같은 분석을 보여준 것은, 화자의 감정을 추측하는 것이 완전히 자의적인 것이 아니라 화자의 말에 근거하고 있음을 보여주기 위해서입니다. 그러니 이 단계에서 여러분은 그저 여러분 마음 안에 일었던 감정을 다시 떠올리시는데 집중하셔도 됩니다.

우물 속에서 사나이를 본 이후의 감정은 조금 더 유추하기 쉽습니다. 화자가 직접 자신의 감정을 이야기하고 있으니까요. 그 감정은 미움, 연민, 그리고, 그리움의 순서로 변화하고 있습니다. 감정이라는 것이 얼마나 순간적이고 또 잘 변하는지 생각해보면 이해 못할 일도 아닙니다. 사나이에 대한 가장 강렬한 감정은 미움인 것 같습니다. 두 번이나 언급되고 있다는 것에서 그 근거를 찾을 수 있습니다. 그리고 끝내 그 사나이에 대한 미움을 완전히 거둔 거 같지는 않습니다. 그렇다고 미움만 있는 것은 아닙니다. 정말 죽도록 미워한다면 그리워하지는 않겠지요.

그러나 거듭 말씀드렸듯이 화자의 감정을 아는 것이 중요한 게 아닙니다. 여러분이 그 감정을 직접 느껴야 합니다. 그렇다면 화자가 느낀 감정을 어떻게 같이 느낄 수 있을까요? 다시 질문을 해야 합니다.

하나는 화자의 감정과 비슷한 감정을 느꼈던 상황을 떠올리게 하는 질문입니다. 가령, 누군가 미워했던 사람이 있나요? 얼마나 미워했었나요? 그 사람을 미워할 때 마음속에서는 어떤 일들이 벌어지던가요? 그 사람을 용서하려고 해보았나요? 아니면 화자처럼 미워하면서도 불쌍하다고 생각했던 사람도 있나요? 불쌍하다는 생각이 들지만 그 사람 곁을 떠나지 않으면 그 미움 때문에 오히려 그 사람을 파괴하거나 내가 못 견디겠다고 생각했던 적은요? 그래서 그 사람을 더 이상 안 보니 후련하던가요?

이런 질문들에 대한 대답은 쉽게, 또 금방 할 수 있는 것은 아닙니다. 시간을 두고 천천히 기억 속을 더듬어야 할지도 모릅니다. 행복이나 따뜻함 같은 기분 좋은 느낌이라면 금방 떠올릴 수 있을지도 모르겠습니다. 그러나 미움이나 수치심 같이 부정적인 정서는 시간이 더 걸릴 겁니다. 아니, 어쩌면 아무리 노력해도 떠오르지 않을 수도 있습니다. 우리가 의식하지 못하는 새에 깊숙이 숨겨놓고, 그런 기억을 떠올리려는 시도 자체를 거부하기도 하니까요.

그런 경우에는 굳이 마음을 흔들어서 그 기억들을 끄집어내려고 애쓰지 않아도 좋습니다. 그렇게 자신을 괴롭히면서까지 시를 읽을 일은 아니니까요. 대신 자신이 지금 어떤 감정을 떠올리는 것을 피하고 있구나, 어떤 감정에 대해 불편함을 느끼고 있구나 하는 사실은 인지할 필요가 있습니다. 예를 들면, 미움에 관한 감정, 혹은 사랑에 관한 감정을 힘들어하는구나, 까지 알기만 해도 됩니다. 한 편의 시를 읽고 그 정도만 알면 충분합니다. 이러한 자각이 반복되면 혹시 모르죠. 떠올리는 것조차 참을 수 없었던 감정과 그런 감정을 느끼게 만든 원인을 힐끗이라도 볼 수 있게 될지요. 그러다가 그 감정에 대해 표현하고 싶은 마음이 들게 될 수도 있지요. 어떤 사람은 시 한 편을 읽고 그럴 수 있고, 또 어떤 사람은 아무리 많은 시를 읽어도 그렇게 되지 않을 수도 있습니다.

그것이 긍정적인 감정이든 부정적인 감정이든 신기하게도 그 감정을 느꼈던 순간을 떠올리면 그때 느꼈던 그 감정을 그대로 다시 경험하게 됩니다. 지금 그럴 감정을 느낄 이유가 전혀 없는데도 말이죠. 이러한 사실은 감정이 얼마나 힘이 센 지 말해주기도 합니다. 그리고 동시에 감정이 생각보다 말을 잘 듣는다는 것을 보여줍니다. 우리가 경험했던 과거의 감정을 다시 떠올리는 것만으로도 그 감정을 다시 느낄 수 있다면, 이를 반대로 이용할 수도 있습니다. 힘들고 고통스러울 때 평화롭고 따뜻한 기억을 떠올리는 거죠. 따뜻한 감정이 담겨 있는 시를 읽는 것도 그래서 도움이 됩니다.

이상은 화자가 보고 듣고 냄새 맡고 또 일련의 사건들을 겪으며 느꼈을 법한 감정을 유추한 것입니다. 하지만 여기에서 더 나아가 우리 자신이 감각한 것에 대한 감정을 떠올리는 것도 중요합니다.

앞서 우리는 화자와 함께 우물을 들여다보았습니다. 거기에서 화자가 본 것과도 다르고, 다른 사람이 본 것과도 다른 각자의 이미지들을 보았지요. 화자가 보았던 이미지와 우리가 보았던 이미지가 다르다면 당연히 그에 대한 감정도 다를 수밖에 없습니다. 화자의 감정이 '사나이'에 집중되어 있다면, 우리는 우리가 우물에서 본 것에 집중하며 감정을 떠올릴 필요가 있습니다. 즉, 화자가 그랬던 것처럼 우선 그 이미지를 물끄러미 바라보는 겁니다. 그러면서 마음속에서 어떤 감정이 일어나는지 주목해보세요.

앞에서 학생들이 우물에서 본 다양한 이미지들을 다시 예로 들어보겠습니다. 우물 속에서 지치고 의기소침한 자신의 얼굴을 본 학생들 중에는 그런 자신이 안쓰럽고 불쌍해서 꼭 안아주고 싶었다고 말하는 학생이 있습니다. 반면 어떤 학생은 그런 모습이 바보같이 느껴지고 짜증이 나서 보고 있을 수가 없었다고 말합니다. 크고 둥근 달이 물결에 반짝이는 모습을 본 학생도 마찬가지입니다. 어떤 학생은 평화로움과 충만함을, 또 어떤 학생은 신비로움을, 또 어떤 학생은 두려움을 느꼈다고 말합니다.

흥미로운 일이 아닐 수 없습니다. 같은 이미지를 봐도 왜 그 느낌은 저마다 다를까요? 이런 의문이 든다면 자연스럽게 다음 단계로 넘어갈 때가 되었습니다.

함께 해 봅시다

1. 화자와 함께 우물까지 가는 과정, 그리고 화자가 보았을 법한 장면을 구체화하면서 여러분의 마음속에서는 어떤 느낌이 들었나요?
2. 여러분 자신이 우물에서 보았던 것, 그것은 아마 독자마다 다르겠지만, 그것을 가만히 보고 있으니 어떤 느낌이 들던가요?
3. 화자가 우물을 떠나 집으로 돌아올 때의 심정은 어땠을까요? 여러분이 우물에서 본 것을 두고 돌아온다고 생각하면 어떤 느낌일까요?

3 내 생각 알아차리기

가. 사고하라, 이유를

마지막 단계는 분석하기입니다. 시를 읽으며 떠올렸던 이미지들, 그리고 감정들에 대해 질문을 던지는 과정입니다. 이 단계의 질문은 이미지나 감정을 떠올리는 과정에서 했던 질문과는 다른 종류의 질문이라고 할 수 있습니다. 이미지와 감정을 떠올리기 위해 했던 '질문들에 대한 질문'이라고 할 수 있습니다. 왜 그런 이미지를 떠올렸는가, 왜 그런 감정이 떠올랐을까 같은 질문이 그 예가 될 수 있겠습니다.

이와 같은 질문은 어려운 말로 '메타적'인 성격을 지닌다고 말합니다. '메타(meta)'란 그리스어로 '넘어서, 위에 있는, 초월하는' 등의 의미를 가진 접두사인데, 이 접두사를 붙여 단어를 만들면, 접두어가 붙은 그 단어에 관한 것이라는 뜻을 갖게 됩니다.

가령, '메타픽션'이란 말은 픽션에 관한 픽션이라는 뜻을 가집니다. 즉 우리가 소설(픽션)이라고 알고 있는 허구적인 성격의 글을 대상으로 하는 글이 메타픽션입니다. 메타픽션은 픽션의 메카니즘이나 특징들을 의식적으로 분석하고 실험함으로써 픽션에 대한 우리의 인식을 문제 삼습니다. 마찬가지로 '메타시', '메타언어', '메타비평' 등이 있습니다. 각각 '시에 관한 시', '언어에 관한 언어', '비평에 관한 비평'을 뜻합니다. 마찬가지로 시 읽기의 마지막 단계에서 던지는 질문은 시를 읽는 과정 자체에 관한 질문이니 '메타 질문'이라고 할 수 있겠습니다.

이 단계의 모든 질문은 '왜'로 시작합니다. 직관적으로 떠올랐던 모든 대답에 대해서 그렇게 생각할 만한 근거를 찾고 이유를 생각해보는 거죠. 우리가 떠올렸던 이미지에 대해, 우리가 느꼈던 감정에 대해 '왜'라는 질문을 하게 되는 순간, 당연하고 자연스럽게 여겨졌던 대답들이 다시 질문이 되어 설명을 요구합니다.

이때 우리의 두뇌에서 활성화되는 정신 작용은 지적이고도 논리적 추론입니다. 마치 탐정의 일처리 과정과 비슷합니다. 단서에 입각해서 가설을 세우고, 그 가설을 입증할 단서를 찾고, 단서들 간의 연결고리를 만들어 가설을 검증하는 거죠. 다른 점이 있다면 탐정과 달리 우리는 꼭 답을 찾지 않아도 된다는 겁니다. 중요한 것은 역시나 질문하고 대답하는 행위 그 자체입니다. 그리고 최종적으로 각자 하나씩의 완결된 이야기를 갖게 되는 것입니다. 이제까지 상상한 것, 떠올렸던 감정, 그리고 그에 대해 '왜'라고 묻고 그 질문에 대해 찾은 답을 연결하여 하나의 이야기를 만드는 겁니다. 이 완결된 이야기를 어려운 말로 '맥락(context)'라고 합니다. 왜 이런 맥락을 만드는 게 중요한 걸까요? 이는 마음 읽기로서 시를 읽는 것과 어떤 연관이 있는 걸까요? 일단, 메타적인 대화의 실제를 살펴보고, 그 이유를 생각해 봅시다.

나. 나는 왜, 그는 왜

이제까지 화자가 보고 듣고 만지고 감각한 것을 이미지화하기 위해, 그리고 화자의 감정을 떠올리기 위해 여러 가지 질문들을 던지고 그에 대한 나름의 대답을 찾아 왔습니다. 하지만 이 과정에서 대답을 미룬 질문들도 많습니다. 감각과 감정에만 초점을 맞추자고 했으니까요. 그렇게 미뤄진 질문들은 주로 분석하고 추론하고 지식을 동원해야 답을 찾을 수 있는 질문들입니다.

이런 종류의 질문으로는 어떤 것들이 있을까요? 예를 들면 화자가 말하는 방식에 대한 질문들이 있습니다. 같은 뜻을 가진 다른 단어들도 많은데 화자는 왜 이런 어휘를 선택한 걸까, 왜 이런 순서로 이야기하는 걸까, 혹은 왜 이런 순서로 이야기하지 않는 걸까, 보다 자세한 이야기를 해줄 지점에서 화자는 왜 그냥 건너 뛰어버리는 걸까, 화자는 왜 자꾸 비슷한 말을 반복할까, 왜 화자는 '사나이'에 대한 감정만 직접적으로 서술하고 다른 부분에서는 자신의 감정을 직접 표현하지 않았을까 등등. 화자의 말하는 방식과 연관되는 이러한 질문들은 이미지나 감정을 떠올린다고 답을 찾을 수 있는 질문은 아닙니다. 어조와 수사법, 구조, 운율 등과 같은 형식적인 요소에 대해 생각해 보아야 합니다.

이와 같이 이론적인 질문들만 지적인 분석을 요하는 게 아닙니다. 가령, 화자는 왜 깊은 밤에 외출을 한 걸까, 화자가 처음부터 그 우물을 찾아갈 생각을 하고 집을 나선 걸까, 그 우물에서 화자는 왜 하필이면 다른 것이 아니라 그런 풍경을 보았고 또 그런 감정을 느꼈을까 등등. 이런 질문들도 감각이나 감정을 떠올리는 것만으로는 답을 찾기 어려운 질문들입니다. 그보다는 사실들, 우리가 직접 경험했던 일들이나 주변의 경험들, 사례들, 통계들과 같은 것들이 도움이 됩니다.

예를 들어봅시다. 왜 화자는 밤에 잠을 이루지 못하고 집을 나선 걸까요? 화자의 말에서는 이 질문의 답에 대한 단서를 찾기 어렵습니다. 이런 경우 우리의 경험에 입각하여 가설을 세우는 수밖에 없습니다. 어떤 경우에 우리는 밤중에 잠을 자지 않고 집을 나설까요? 고민이 있어서, 너무 피곤해서, 혹은 낮잠을 너무 많이 자서 우리는 밤에 잠을 자지 못합니다. 그것이 어떤 경우이든 산책까지 한다는 것은 그만큼 답답하다는 말일 겁니다. 방 안에 가만히 앉아 있을 수 없을 정도라는 거죠.

별다른 고민이나 답답함 없이 그저 잠이 오지 않아 밖으로 나왔다고 할 수도 있을까요? 특별한 고민 없이 잠을 이루지 못한 경험이 있는 분들이라면 이런 가설을 세울 겁니다. 우리의 경험이 무엇인가에 따라 가설은 달라지고, 또 그 답도 달라지는 게 당연하니 이 또한 가능합니다.

이 질문과 관련해서 우리의 가설은 고민이 있어서 산책을 나왔다 (1)와 그냥 잠이 안 와서 산책을 나왔다 (2)로 구분될 것 같습니다. 이 두 가지 가설을 갖고 이야기를 계속해보기로 하죠. 어차피 사유를 계속 이어가다 보면 적합하지 않은 가설들은 폐기되기 마련이니까요.

또 다른 의문들이 있죠. 화자는 집을 나설 때부터 이 우물에 갈 생각을 했던 걸까요? 가서 이 우물을 들여다보려고 생각하고 있었을까요? 아니 그보다 먼저 그 우물의 존재를 이미 알고 있었을까요?

이 질문의 답에 대한 단서는 화자의 말에서 찾을 수 있습니다. "외딴 우물을 찾아가선"라고 했으니 그 우물은 생전 처음 보는 우물은 아닙니다. '찾아가다'라는 것은 무엇인가가 어디에 있다는 것을 분명히 알고 의도적으로 가는 것을 의미하기 때문입니다. 어쩌면 그 우물은 평소 화자가 자주 찾던 곳이었을지도 모르겠습니다. 고민거리가 있다던가, 혼자 있고 싶다던가 할 때마다 찾아가는 자기만의 공간인 거죠.

그러나 이렇게 찾아가기로 결심한 시점은 불분명합니다. 집을 나설 때부터 '오늘은 그 우물이나 한 번 찾아가보자'라고 마음먹은 것일 수도 있지만, 산책을 하다가 우연히 그 우물이 있는 방향으로 가고 있다는 것을 깨닫고는 '이렇게 된 거 그 우물이나 한 번 가볼까'라고 생각하게 된 것일 수도 있습니다.

만약 처음부터 우물을 찾아갈 작정을 하고 집을 나선 거라면, 그리고 그 우물이 화자에게 특별한 자기만의 공간이었다면 화자가 잠을 못 잔 원인은 제법 진지한 것일 가능성이 높습니다. 그저 낮잠을 너무 많이 자서 우물까지 찾아가기로 했다고 보기는 어려운 거죠. 즉, 가설 (1)이 보다 가능성이 크다고 할 수 있겠습니다. 어떤 정도의 무거운 마음이면 이 늦은 밤, 혼자서, 외딴 곳을, 일부러 찾아가기로 마음을 먹을까요? 여러분은 그런 적이 있나요? 다시 우리의 경험으로 돌아옵니다. 실연? 장래에 대한 고민? 왜 살아야하는가? 조국의 앞날? 고독과 소외감?

반면에 산책을 하다가 문득 오래 전에 가보았던 우물이 떠올랐고 그래서 그쪽으로 발걸음을 옮겼다면, 집을 나선 이유가 그다지 심각하지 않은 것일 수도 있습니다. 그저 잠이 오지 않아서라거나 답답해서라거나 같은 것 말입니다. 좋습니다. 계속 가보겠습니다.

드디어 낯익은 그 우물 앞에 섰습니다. 화자는 왜 그 우물을 들여다보았을까요? 여러분이라면 우물을 들여다봤을 거 같나요, 아니면 들여다보지 않았을 것 같나요? 그 밤에 무섭게 왜 우물을 들여다 보냐고 할 분도 계실 겁니다. 그렇게 생각하시는 분은 아마 화자와 같은 상황이 되어도 우물을 들여다보지 않으시겠지요.

하지만 화자가 우물을 들여다본 건 이상하거나 특별한 일은 아닙니다. 우리 인간은 정말이지 호기심이 강하니까요. 그토록 많은 공포영화에서 주인공의 친구들이 지하실에 내려갔다가 제일 먼저 희생되는 이유도 그 호기심 때문이죠. 동서양을 막론하고 호기심 때문에 인생 망한 사람 이야기는 또 얼마나 많은가요? 절대 열어보아서는 안 되는 상자를 열어본 판도라, 절대 뒤돌아보지 말라는 말을 어기고 뒤를 돌아보는 바람에 소금기둥이 되어버린 롯, 절대 자신이 누구인지 궁금해 하지 말라는 말을 두 번이나 어긴 에로스의 신부 프시케에 이르기까지. 즉, 화자가 우물을 들여다보기로 한 것은 우리 인간의 본능적인 호기심 때문이라고 볼 수 있겠습니다. 그러니 우리 중 대다수도 이 화자처럼 그 우물을 들여다보았을 가능성이 높습니다.

'왜'로 시작하는 질문에 대한 답을 찾기 위해서는 이처럼 인문학적인 배경지식을 동원하기도 합니다. 여기에서는 인류학 내지는 신화, 대중문화 같은 배경 지식을 참조하고 있습니다.

심리학적 지식을 동원해야 하는 질문과 대답도 있습니다. 가령, 화자는 사나이에 대해 왜 모순된 감정을 가질까, 그런 복잡한 감정의 원인은 무엇일까, 같은 질문이 그 예입니다. 심리학을 참조하면 화자가 느낀 모순적인 감정은 유별나거나 이상한 것이 아니라 양가감정이라는 말로 부르는, 지극히 보편적인 심리 상태라는 것도 참고할 수 있겠지요.

이처럼 배경지식을 참고할 때 주의할 점이 있습니다. 신화, 인류학, 심리학, 정신분석학, 역사, 대중문화, 경제학, 법학, 물리학 등등, 인류의 모든 지식들을 참고할 수는 있지만, 이와 같이 학술적으로 쌓아올린 지식들은 보편성을 추구한다는 사실을 인식하고 있어야 합니다. 즉, 이런 개념과 법칙들을 함부로 대입하는 일은 자칫 시를 시가 아닌 것으로 만들어 버릴 위험이 있습니다. 앞에서도 이야기했듯 시란 특정한 대상에 관한 특정한 감정을 표현하는 대화니까요. 일반화할 수 없는 것, 개념에서 벗어나는 것을 표현하고 있는데, 그것을 일반화하고 개념화한다면 그것은 시가 줄 수 있는 풍부함을 화석화시켜버리는 일이나 마찬가지입니다.

하지만, 앞의 두 단계, 감각을 이미지화하고 감정을 떠올리는 과정을 충실히 거쳤다면 이런 걱정은 하지 않아도 될 것 같습니다. 그 과정 자체가 개별성과 특수성을 확보해 가는 과정이며, 그 과정을 충실히 거쳤다면 이 작품의, 그리고 이 화자의 개별성과 특수성은 그만큼 공고할 테니까요.

사고를 요하는 질문은 화자의 감각과 감정에 대해서만 생겨나지는 않습니다. 우리가 떠올린 이미지와 감정에 대해서도 생겨납니다. 그 질문은 철저히 주관식, 요즘 유행하는 말로 해서 맞춤형 질문일 수밖에 없습니다. 우리가 떠올린 이미지와 그 이미지에서 느낀 감정이 각기 다르기 때문입니다.

우선 우리가 떠올린 이미지에 대한 질문들이 있습니다. 나는 왜 우물 속에서 나의 얼굴을 보았을까. 혹은 왜 크고 둥근 달을, 마른 나뭇잎을 보았을까, 아니면 아무 것도 보지 못했을까, 나의 얼굴은 어째서 그토록 기운이 없어 보였을까, 내가 본 달은 어째서 그렇게 붉은 빛을 띠고 있었을까, 혹은 물결 때문에 금방이라도 사라질 것처럼 흔들리고 있었을까, 나를 바라보던 연인의 표정은 왜 그렇게 무표정했을까 등등.

우리가 화자와 같은 입장이라면 무엇이 보일지 생각해보자고 했을 때, 우물 속에서 이런 풍경을 보리라고 기대하지도 않았고, 알지도 못했을 겁니다. 그런데도 이런 풍경이 떠올랐다면 당연히 궁금해하고 의문을 가져야겠지요.

왜 힘들어 하는 나를 보며 화가 났는지 혹은 연민이 느껴졌는지,

왜 빈 바닥을 드러낸 우물을 보고 가슴이 철렁하거나 반대로 후련함을 느꼈는지, 왜 하늘에서 쏟아지는 별들을 보면서 불안했는지, 혹은 울컥하거나 쓸쓸했는지 등등은 우리의 감정에 대한 메타적인 질문의 예가 될 것입니다.

결국 이 단계의 모든 질문은 '왜'로 압축될 수 있습니다. '나는 왜 그런 것을 보았는가?', '나는 왜 그런 감정을 느꼈는가?' 하는 이 질문에 대한 대답은 이미 짐작하셨겠지만, 우리 자신, 시를 읽을 당시의 우리 마음에서 찾을 수 있습니다.

이를테면 이런 거죠. 우물에서 하필이면 어머니의 얼굴이, 혹은 텅 빈 우물이, 혹은 우울한 자신의 얼굴이 보인 이유는 우리 마음이 너무 힘들고 지치고 외롭기 때문이고, 우물에서 크고 둥근 달을 보고, 별로 가득 찬 하늘을 본 이유는 지금 새로운 일을 앞두고 희망과 기대에 가득 차 있기 때문이라는 식의 대답이 가능합니다. 각자 다른 것을 보았지만 같은 이유를 가졌을 수도 있고, 반대로 같은 것을 보았지만 다른 이유 때문에 그것을 보게 되었을 수도 있습니다.

우리가 느낀 감정에 대해서도 마찬가지입니다. 검푸른 하늘에 쏟아질 듯 푸른 별무리를 보았을 때 쓸쓸했다거나 두려움을 느낀 것은 우리의 현재 심정과 관련이 있을 가능성이 큽니다. 아니, 우리가 그렇게 연결을 짓는 거죠. 우주의 별을 보니 이렇게 아등바등 사는 인간의 삶이란 게 얼마나 하찮은가 싶은 생각이 들어 울컥했다거나, 아무에게도 말 하지 못하고 혼자 어려운 일을 감당하고 있다는 생각이 떠올라 무리지어 있는 별을 보고 쓸쓸함을 느꼈다거나 하는 식입니다. 혹은 끝도 시작도 알 수 없는 우주의 막막함에 두려움이 느껴졌다고 생각할 수도 있습니다. 각자 다른 감정을 느꼈지만 비슷한 상황과 원인을 떠올릴 수도 있습니다. 반대로 같은 감정을 느꼈지만 다른 상황에서 그 원인을 찾을 수도 있습니다. 이를 도식화하면 다음과 같습니다.

이 마지막 단계는 개별적으로 주어진 대답들을 종합하여 하나의 맥락을 만드는 과정입니다. 위의 표를 이용하여 설명하자면 각각의 항목들을 줄로 연결하는 것이라고 할 수 있습니다. 상상하기, 느끼기에 관련되어 제기되는 질문들은 독자마다 다를 테고, 따라서 대답도 다를 수밖에 없습니다. 또한 같은 사람이 읽더라도 이 시를 읽을 때마다 질문의 내용과 대답이 다를 것입니다.

비슷한 말을 듣고도 사람마다 떠올리는 장면이 다르고, 같은 장면을 떠올려도 사람마다 느끼는 감정이 다른 것은 바로 화자의 말을 통해 우리 각자의 마음을 읽기 때문입니다. 어떤 답과 어떤 답은 서로 모순과 충돌을 일으키기도 합니다. 아예 답을 하지 못할 질문들도 많습니다. 그럼에도 불구하고 이렇게 항목과 항목을 연결함으로써 우리는 어떤 맥락, 이야기를 만들어낼 수 있습니다.

함께 해 봅시다

1. 감각을 상상하는 과정을 다시 떠올려보면서, 왜 하필 그런 이미지들이 떠올랐을지 생각해 봅시다.
2. 느낌을 떠올리던 과정을 다시 생각해보면서, 왜 하필 그런 느낌이 들었던 건지 생각해 봅시다.
3. 그 외, 화자가 사용한 특이한 표현이나 말투 등이 있다면, 다른 방식이 아니라 그런 방식으로 표현한 이유는 무엇일까 생각해 봅시다.
4. 이상의 질문에 대해 생각해 낸 답이 과연 유일한 답일지 생각해 봅시다.

나오는 말-시라는 우물에서 이야기 건져 올리기

* 이야기로 구성되는 마음

마음을 읽는 방법으로 시를 읽는 과정은 이미지를 떠올리고 감정을 떠올리고 그리고 그것에 대해 인식하는 3단계의 과정을 거칩니다. 이 모든 과정은 질문과 대답의 형식으로 이루어집니다. 일차적으로는 화자라는 타인과의 대화가, 궁극적으로는 나 자신과의 대화가 이루어집니다.

이제까지 이야기한 내용을 정리한 것입니다. 이러한 대화의 목적이 중요합니다. 이 모든 대화의 궁극적인 목적은 하나의 이야기를 만드는 것입니다. 이미지를 떠올리는 것은 이야기의 배경을 만드는 일이고, 감정을 떠올리는 것은 인물에 숨결을 불어넣는 과정이며, 마지막의 인식하기는 빈 공백들을 메워 납득할 수 있는 맥락을 만드는 것입니다.

잊지 말아야 할 것은 이렇게 만들어지는 이야기가 결코 유일한 단 하나의 이야기, 혹은 최종적인 이야기는 아니라는 사실입니다. 이 이야기가 단 하나의 이야기일 수 없는 이유는 한 편의 시를 읽음으로써 만들어지는 이야기가 최소한 두 개라는 사실만 떠올려도 알 수 있습니다. 즉, 시의 화자를 주인공으로 하는 이야기와 우리 자신이 주인공인 이야기가 동시에 생겨나니까요.

어디 그뿐인가요. <자화상>의 시를 함께 읽으면서 눈치챘겠지만 어떤 질문을 던지느냐, 그 질문에 대한 답이 무엇이냐에 따라 이야기는 무수히 생겨날 수 있습니다. 그 중에서 말이 안 되는 것들을 제외하더라도 말입니다. 완전히 상반되는 이야기에서부터 부분적으로만 다른 이야기에 이르기까지 이야기는 시를 읽는 사람에 따라 달라질 수 있고, 시를 읽을 때마다 달라질 수 있습니다. 따라서 어떤 이야기도 최종적일 수 없습니다. 이야기는 계속 만들어질 테니까요.

그 이야기가 맞는 것인지 틀린 것인지도 중요하지 않습니다. 맞고 틀리고는 확인할 수도 없고 그것이 시를 읽는 목적도 아닙니다. 그러나 하나하나의 이야기는 개연성을 갖추어야 합니다. 개연성이란 다 알겠지만, 그럴 듯함을 말합니다. 실제로는 아닐 수도 있지만 그럴 수 있겠다고 수긍할 수 있을 때 우리는 개연성이 있다고 말합니다. 앞서 잠시 언급한 적 있는데, 아리스토텔레스로부터 유래한 이 말은 흔히 사건과 사건의 인과관계가 얼마나 그럴 듯한가와 관련됩니다. 반대말은 인과관계가 아주 느슨한 것을 말하겠지요. 사건과 사건의 연결이 우연성을 띠고 있다고 흔히 말합니다.

가령, 우리는 <자화상>에 대해 개연성 있는 이야기를 하나 알고 있습니다. 학교에서 배우는 이야기 말입니다. 그 이야기의 주인공은 윤동주, 주권을 잃은 나라의 지식인 청년이죠. 순수하고 진실했던 청년 윤동주는 조국의 위기 앞에서 고민이 많습니다. 그러나 할 수 있는 것이 아무 것도 없습니다. 마음이 복잡합니다. 우물을 들여다보는 것은 그런 자신을 돌아보는 행위를 의미하며, 거기에 비춰지는 사나이는 다름 아닌 자신의 모습입니다. 우물에 비친 사나이에 대한 미움, 그리움, 안타까움은 자기 자신에 대한 윤동주의 복잡한 감정입니다.

이것이 <자화상>에 대해 공인된 이야기입니다. 하지만, 그 이야기는 수천 수만 개의 가능한 다른 이야기 가운데 단 하나에 불과합니다. 우리는 또 다른 이야기들을 만들어 낼 수 있습니다. 졸업을 앞두고 취업 걱정에 잠 못 이루는 청년의 이야기, 직장을 다니느라 아이를 제대로 돌보지 못하는 것 같아 자책하는 직장맘의 이야기, 실력 좋은 후배들에게 점점 밀리는 것 같아 불안해 하는 회사원의 이야기 등등, 우리는 우리의 처지에 맞게, 우리가 당면한 문제와 연관지어 각자의 이야기를 만들어 냅니다.

그렇다면 시를 읽으면서 왜 이야기를 만들어내는 것이 중요할까요? 1장에서 분명히 이야기, 사건들은 시보다는 소설에 어울리는 것이라고 말했는데 말이죠. 시는 소설과 달리 정서를 표현하는 것이 주된 목적이니 정서적으로 공감하고, 새로운 표현을 통해 낡아빠진 우리의 사고방식을 쇄신하는 것이 더 중요한 것 아닌가요? 혹은, 시를 읽고 각자의 이야기를 만드는 것과 1장에서 설명한 시를 읽는 여러 목적들이 무슨 상관이 있을까요?

다 맞는 말입니다. 다시 한 번 강조할 것은, 위의 단계를 따라 시를 읽고 이야기를 만들어내는 과정은 마음을 읽는 방법으로서 시를 읽을 때 유용한 방법이라는 점입니다. 시를 읽는 유일한 방법도 아니고, 가장 바람직한 방법도 아니라는 말이죠.

이야기를 만드는 일은 우리의 마음, 우리의 삶을 이해하는 방법입니다. 우리가 경험한 것, 보고 들은 것을 이야기로 만들 수 있을 때 비로소 우리는 우리의 삶을 이해할 수 있습니다. 특히 기승전결과 인과 관계를 갖춘 이야기, 즉, 개연성 있는 이야기를 만드는 것이 중요합니다.

개연성은 우리의 삶에 절대 허락되지 않은 것 가운데 하나입니다. 우리의 실제 삶에서 일어나는 사건과 사건은 전혀 그럴 듯하게 연결되어 있지 않습니다. 다만 우리가 그럴 듯하게 연결할 뿐입니다. 생각해보세요. 우리가 이 땅에 존재하게 된 사건에서부터 지금 우리에게 일어나는 모든 사건들에 이르기까지 그 모든 사건들 사이에 어떤 그럴 듯한 연관성이 있을까요?

물론, 이렇게 생각할 수도 있습니다. 지금 내가 돈을 많이 못 버는 것은 좋은 직장에 들어가지 못했기 때문이고, 좋은 직장에 들어가지 못한 것은 학창 시절에 공부를 제대로 못했기 때문이고, 학창 시절에 공부를 제대로 못한 것은 가정 형편이 안 좋아서 그렇고, 가정 형편이 안 좋은 것은 아버지가 무능해서 그렇고…. 과연 그럴 듯한 이야기입니다. 착착 인과 관계가 맞아 떨어지니 말입니다.

하지만 이 이야기가 진짜로 일어난 일일까요, 아니면 만들어 낸 것일까요? 지금 돈을 많이 못 번다거나 학창 시절에 공부를 못했다거나 하는 각각의 사건은 실제로 일어난 일일 지도 모릅니다. (물론 그 역시 단정할 수는 없습니다만 이야기가 너무 복잡해지니 여기에서는 일단 각각의 사건은 실제로 일어난 사건이라고 칩시다.) 그러나 어떤 사건을 다른 사건의 원인이고 또 결과라고 보는 것은 어디까지나 말하는 사람의 생각일 뿐입니다. 사건들은 그저 무작위적으로 산발적으로 발생할 뿐입니다.

우리의 삶이 우연의 법칙을 따르느냐 아니면 필연적으로 정해진 바에 따르느냐를 놓고 철학에서도 오랫동안 논쟁을 해왔습니다. 이러한 문제를 다룬 영화들도 많죠. 단 하나의 상황이 바뀜으로써 이후에 벌어지는 모든 사건들도 연쇄적으로 변화를 일으켜서 결국 전체의 운명이 바뀌는 그런 류의 이야기 말입니다. 만약 이처럼 모든 것이 필연적인 이유, 어떤 목적이 있어서 발생한 일이라고 생각하려면 신이나 자연의 섭리 같은 무언가 초월적인 힘을 전제해야 됩니다. 그런 힘이 있어서 우리의 삶을 어떤 목적을 향해 이끌고 간다는 거지요.

문제는 그런 힘, 또는 삶의 최종적인 목적이 있다 해도, 정작 당사자인 우리 자신은 그것을 알 수 없다는 겁니다. 그러니 결과적으로는 우리 인간에게 세상은 여전히 우연의 연속으로 이루어진 혼돈 그 자체입니다.

우리의 삶이 고통스러운 것은 바로 이 때문입니다. 모든 일들이 우리의 예측을 벗어나는 정도야 아무 것도 아닙니다. 그러나 무엇도 예측할 수 없다는 생각을 진지하게 하기 시작하면 허무감에 빠지기 쉽습니다. 목적도 모르고, 이유도 모르고 살아가야 하는 삶이란 얼마나 무의미한가요. 게다가 우리의 존재가 우연한 것이라면 존재하지 않았을 수도 있었다는 말 아닌가요?

이러한 무의미를 직시할 수 있는 사람은 많지 않습니다. 메두사를 보는 순간 온몸이 굳어버리는 사람처럼 우리 대부분은 이 무의미를 견디지 못합니다. 메두사를 직시하려고 몇몇 과감한 예술가들과 사상가들이 시도했지만 그들이 이 무의미를 보고 무사했는지는 잘 모르겠습니다.

우리 같은 평범한 사람들은 이 무의미와 우연성을 직시하는 대신 이야기를 만듭니다. 우리의 삶에 파편적이고 산발적으로 발생하는 크고 작은 무수한 사건들의 가치를 가늠하고 선택을 하고 사건과 사건 사이의 인과 관계를 만들어 갑니다. 그것이 진실이어서가 아니라 그렇게 개연성 있는 이야기를 만들어야 이 우연으로 가득 찬 세상을 이해하고 받아들일 수 있기 때문입니다. 따라서 개연성 있는 이야기를 만드는 것은 무의미를 의미로 바꾸는 작업이며, 우리 존재의 이유를 확인하는 작업이고, 우리의 정체성을 구성하는 작업입니다.

* 변화하는 마음, 새로운 이야기, 시라는 우물

문제는 우리가 거의 매번 비슷한 이야기를 만들어 낸다는 겁니다. 우리의 마음은 습관적으로 흘러가는 방향을 갖고 있기 때문입니다. 새로운 곳에 가서도 늘 비슷한 일을 겪는다거나, 새로운 경험을 해도 그 경험의 의미를 비슷하게 읽어낸다거나 하는 습관은 그와 같이 비슷한 방향으로 흘러가는 마음에 원인이 있습니다. 이를 '경향성'이라는 말로 표현하기도 하고, '경로의존성'이라고 표현하기도 합니다.

그렇게 만들어 낸 이야기는 사실과 다릅니다. 사실이라고 할 수 있는 다른 이야기가 있다는 게 아니라, 어떤 하나의 이야기가 유일한 진실일 수 없다는 뜻에서 그렇습니다. 이야기를 어떻게 만드느냐에 따라서, 즉 우리가 겪은 사건들을 어떻게 엮어 내느냐에 따라서 우리는 전혀 다른 이야기를 갖게 되니까요. 이는 곧 어떤 이야기를 만드느냐에 따라 우리의 정체성이 달라지게 된다는 것을 의미하기도 합니다.

우리가 틀에 박힌 마음의 패턴을 갖고 있다는 것, 매번 비슷한 패턴의 이야기를 만들고 있다는 것도 문제지만, 그렇게 만들어 낸 하나의 이야기를 유일한 이야기, 유일한 나의 정체성이라고 믿고 있다는 것, 그것이 우리가 만들어 낸 이야기라는 사실을 인식하지 못하는 경우가 대부분이라는 게 더 문제입니다.

이러한 고착에서 벗어나려면 먼저 우리가 이야기를 만드는 과정과, 우리가 그 이야기를 '만들었다는 사실'을 우리 눈으로 확인할 필요가 있습니다. 이러한 확인 없이 우리 자신의 마음에 대해 생각한다는 것은 어둠 속에서 진흙을 주무르는 것과 같습니다.

그런 점에서 앞서 소개한 방식으로 시를 읽는 과정은 우리 안에 모호하게 뒤엉켜 있는 마음을 수면 위로 떠오르게 하는 과정이라고 할 수 있습니다. 나 자신과, 그리고 화자라는 타인과 대화하는 과정에서 우리의 마음이 의식이 되는 거죠. 이를 통해 만들어 낸 이야기는 우리의 마음이 새겨진 반사판이라고 할 수 있습니다.

만약 이런 방식으로 시를 읽는 일이 익숙해진다면 우리는 기존의 이야기 위에 새로운 이야기를 덧쓸 수 있게 될지도 모릅니다. 기존에 쓴 이야기가 완전히 지워지지는 않겠지만, 새로운 이야기가 그 위에 새로운 흔적을 남깁니다. 그러면서 우리가 사실이라고 믿어 왔던 이야기는 희미해지고, 우리를 규정하던 유일한 정체성으로부터 자유로워집니다.

<자화상>에서 화자가 우물을 찾아가서 들여다보는 행위는 그 자체로 마음 읽기로서의 시를 읽는 일에 대한 비유이기도 합니다. '우물'을 '시'의 비유로 읽는다면 말이죠. 화자가 우물을 찾아가서 사나이를 만나는 것은 우리가 시를 읽으며 우리 자신과 만나는 것에 대응합니다. 굳이 외딴 곳에 있는 우물까지 찾아간다는 것, 그리고 홀로 우물을 찾아간다는 것은 시를 읽을 때 우리가 갖춰야 할 자세를 의미하는 동시에 어떻게 하면 우리가 우리의 마음을 들여다볼 수 있을까 하는 조건을 의미하기도 합니다. 시라는 우물, 우리의 마음과 타인의 마음이 비치는 그 대상을 만나기 위해서는 누구의 도움도 없이, 모든 외부 세계의 자극들을 차단하고 혼자 고요히 시집을 펼쳐들어야 한다는 거죠.

화자가 들여다보는 것이 '거울'이 아니라 '우물'이라는 점도 의미심장합니다. 무엇인가를 반영(反影)한다는 점에서는 거울과 비슷하지만 거울과 달리 우물은 표면이 고정되어 있지 않습니다. 그래서 원상을 언제나 왜곡해서 반영합니다. 우물의 수면은 또한 주변 환경의 영

향에 따라 수시로 바뀌며 한시도 가만히 있지 않습니다. 바람이 불면 부는 대로, 날이 흐리면 흐린 대로 우물은 민감하게 피사체의 모습을 반영하면서도 금방 또 지워버립니다. 어떤 질문을 던지느냐에 따라 다른 대답이 나오고, 그 대답이 또 다른 질문을 야기시키면서 대답으로서의 가치는 지워지는 것과 아주 비슷합니다. 그럼에도 불구하고 화자가 우물에서 어떤 이미지를 떠올리고 또 감정을 느끼는 것처럼, 우리 또한 시를 읽고 아주 순간적이나마 하나의 이야기를 완결지을 수도 있습니다. 물론, 그 이야기는 우물에 비친 상이 그러하듯 시간이 지나면 변하거나 사라질 수도 있습니다. 우물의 이러한 속성은 곧 마음 읽기로서 시 읽기를 할 때 우리에게 가해지는 시의 작용이기도 합니다.

그렇다면 이것이 어떻게 다른 사람의 마음을 읽는 데 도움이 될까요? 가장 직접적이고 단순하게 이야기한다면, 시의 화자, 한 번도 본 적 없고 심지어 얼굴도 모르는 이 존재를 이해하려고 무수한 질문을 던지는 행위보다 더 다른 사람의 마음을 이해하는 데 도움이 되는 게 있을까요? 그 답을 알지 못한다고 해도 누군가에 대해 알아가기를 포기하지 않는 일, 그리고 왜 너는 나와 다르냐고 묻지 않는 일이야말로 다른 사람의 마음을 진정으로 이해하는 일이 아닐까요?

조금 더 실질적인 차원에서 보자면, 이러한 방법으로 시를 읽는 일을 다른 사람들과 함께 하면 효과가 더 좋습니다. 여럿이 함께 같은 작품을 읽으며 다른 사람은 무엇을 보고 무엇을 느꼈는가를 이야기하는 거죠. 특히 시를 처음 읽기 시작할 때 이렇게 여럿이 함께 읽는 일이 도움이 됩니다. 스스로 질문하고 대답하는 일이 익숙하지 않을수록 이처럼 다른 사람과 대화하는 일은 유용합니다. 그게 여의치 않다면 시를 읽는 3단계를 글로 쓰며 따라가 보는 것도 한 방법입니다.

그러다가 익숙해지면 혼자서 머릿속으로 1인 2역을 할 수 있습니다.

이러한 방법들은 당연히 그럴 것이라고 생각했던 것이 당연하지 않다는 것을 눈으로 확인하게 해줍니다. 아니, 어떻게 우물에서 그런 것을 본다는 거지? 아니, 어떻게 푸른 하늘을 보면서 죽고 싶다는 느낌이 든다는 거지? 우리를 당혹스럽게 만드는 타인의 대답, 심지어 나도 예측하지 못했던 나의 대답들은 우리의 이야기가 그저 하나의 이야기에 지나지 않는다는 사실을, 세상에는 다양한 이야기들이 무궁무진하다는 사실을 알게 합니다.

중요한 것은 정답도, 이야기의 진위도, 나의 마음이 무엇인지 아는 것도 아닙니다. 중요한 것은 질문을 계속하고, 대화를 계속하는 것입니다. 살아있는 동안 질문을 영원히 그치지 않는 것입니다. 그리고 이야기를 계속 새롭게 다시 쓰는 겁니다. <자화상>의 화자가 이후에도 또 우물을 찾아갔을까요? 알 수 없습니다. 하지만 우리는 우물을 잊지 않고 계속 찾아가야 합니다.